EL DIARIO DE UN OCULTISTA

HECHOS REALES

INDICE.
EL NACIMIENTO DE UN MAGO.
LA MUERTE DE MIS ABUELOS.
MI TIA BLANCA.
HERENCIA FAMILIAR.
LOS TESTIMONIOS DE MI PADRE.
HISTORIAS QUE MI PADRE CONTABA.
SATANISMO.
MAESTRO EN OCULTISMO "CONTRERAS".
MANUAL DE OCULTISMO SATÁNICO.
DESARROLLO Y LA FACULTAD DEL PODER MENTAL.
LOS PASOS DEL OCULTISMO.
EL DÍA QUE CONOCÍ A SAN SIMÓN.
FIESTAS DE SAN SIMÓN Y EL HOLOCAUSTO.
LAS EXPERIENCIAS A LA PAR DE MI HERMANO EVELIO.
EL NEGRO MUERTO.
ALZANDO LOS PUROS.
MAGIA DE PANTEON.
MACARIO CANIZALES.
INVESTIGACION.
EL ASTRAL Y MIS EXPERIENCIAS.
MIS MALAS EXPERIENCIAS EN LA PROYECCION ASTRAL.
HECHOS INSOLITOS Y SOBRENATURALES.
LA MUERTE DE MI HERMANO "EVELIO"
ARTES OSCURAS DEL OCULTISMO.
EL PAGO DE MIS MALDADES.
POSESIÓN DEMONIACA.
EL EXORCISMO.
LA CHARLA INFERNAL.
VARIAS ANÉCDOTAS DEL OCULTISMO.

LA ORACIÓN.
ENCANTO.
PLACER SEXUAL.
VIVIENDO CON MUERTOS.
DESTINO.
AQUELARRE.
FALSOS BRUJOS.
EL MIEDO.
TRAGEDIAS.
DUMBA.
BRUJA MONA.
UNA CRUEL DECISIÓN.
ESPÍRITUS.
EL CREADOR.
LA RAZON DE LA CREACION.
¿QUE SUCEDE AL MORIR?
QUE ES EL ABISMO.
NO MATARAS.
PERVERSIDAD HUMANA.
PACTOS.
¿QUE ES EL ALMA?
DESTINO.
AMOR.
UN POEMA.
SERES DE OTROS MUNDOS.
SOCIEDAD SECRETA.
EVOLUCION.
LAS ENSEÑANZAS DE HERMES.
EL VIEN Y EL MAL.
LIBROS.
LA SAVIDURIA DEL SER.
CONCLUSIÓN.

AGRADECIMIENTOS.

Le doy primeramente gracias al Creador por haberme permitido volver a nacer por medio de la reencarnación una vez más, y vivir para continuar con la evolución espiritual, a mis padres: Evelio y Evangelina por haberme criado con todos los sacrificios y cariño de un hogar, por la lucha de ellos nunca aguante hambre a pesar de la suma pobreza en que me crie, a mis hermanos y hermanas que tanto aprecio tengo, a mi esposa Mayari por haber confiado en mí y nunca dudar de lo que soy, no cabe duda que detrás de un hombre exitoso existe una mujer que lo guía, y esa mujer en mi vida es mi esposa, a mi hija Katy que a pesar que no estamos juntos, ella me ama como padre, ella sabe muy bien que en sus venas corre sangre mágica y sangre Gitana, se de su madures y de ello nunca se rendirá en este mundo lleno de adversidad, a mis amigos que siempre confiaron en mi aunque sean pocos que solo se cuentan con una mano son únicos y verdaderos, si me preguntan si soy millonario les digo que si por tener a mi lado los seres que tanto amo, no me cabe dudas que el Creador sabe a dónde nos pone. Ante el mundo una infinidad de gracias.

INTRODUCCIÓN.

Nací con una curiosidad sin límites siempre me sentí poseído por un insaciable deseo de buscar explicaciones y respuestas a todo, ya sea natural o sobrenatural, perseguí la ciencia de creer, mi ética siempre ha sido mantenerme firme ante las adversidades del destino, no creo en la suerte dada naturalmente, creo en la conspiración del universo que nos manifiesta todo, no podemos estar en contra del agorismo del destino de no pedimos nacer en tal lugar, si es por reencarnar según nuestra vida anterior así será la vida que nos corresponda vivir, porque ricos porque podres eso depende de la voluntad del creador, de nosotros depende corregir y superarnos en esta vida llena de enseñanzas.

En este pequeño tratado resumo mi vida en experiencias que se muy afondo que no soy el único ni el último en llevar una vida llena de misterios y magia, no me avergüenzo de dónde vengo ni mi vida, no oculto mi verdadera naturaleza sé muy bien que la inquisición ya no existe y lo único que ha quedado es el temor que se ha cosechado con el pasar de los tiempos, doy fe a mis experiencias son verdad, y expongo ante todo aquel que leyere para que este precavido los peligros que se tiene el ocultismo.

Charles Bukowski tenía una frase con mucho sentido: *"hay un lugar en el corazón que nunca se llena, un espacio que incluso en los mejores momentos nunca se llenara"*. Ese vacío en el interior es la ausencia de nuestro verdadero ser, la juventud de hoy intenta llenar ese vacío con la moda, con las redes sociales, con lo nuevo, en cambio yo intentaba llenarlo satisfaciendo mi curiosidad y deseos de aprender.

No te desperdicies tu vida en busca de una historia para recrearla y ser feliz, vive tu propia historia sin importar los fracasos y triunfos, la vida es dinámica e interesante, Claude M decía: *el hombre se pierde buscando una historia desierta en este mar lleno de prosperidad, tu bienestar está al alcance de tus pies, la fortuna alcance de tus manos.* Tienes que saber el precio de tus deseos y hace será el pago por ellos, esto quiere decir sacrificio, perseverancia, no dejarse vencer por las adversidades que trae la vida misma.

EL NACIMIENTO DE UN MAGO.

"morí un 18 de enero de 1989" PIPPER 90 minutos en el cielo.

Mi nacimiento fue, un seis de enero a las seis de la tarde, nací ¡muerto! Y mi abuela Margo (cariñosamente la nombramos así, aunque su nombre fue Margarita) me resucito según cuentan una hora después lo equivalente a sesenta minutos, en conclusión, un día 6 a las 6 volviendo a vivir a los 60 minutos, 06-06-60 la marca del diablo cierto, una casualidad, la existencia de la numerología, en fin, muchas conclusiones que se pueden sacar, no caben duda de que las casualidades existen., extraño el fenómeno, pero no para mi familia, algo normal para ellos.

Al nacer muerto, invadió la tristeza en mis padres, mi abuelo no tardo tanto en construirme una caja para mi entierro, pero mi abuela en su mística sabiduría y sus secretos sabios no se dio por vencida, acudió a todos sus medios para hacerme volver a la vida y lo logro, comencé a llorar gritos tras gritos, y comenzó a analizarme para sacar mi porvenir una práctica común en mi familia, abrió mi boca y vio en el cielo una cruz formada signo de magia en mi sangre., cabe recargar que vengo de una herencia familiar que practican las artes mágicas, familia espiritista.

En mi niñez veía cosas que no entendía, personas que no conocía que me decían ser mis amigos, seres que me daban miedo cuando se me acercaban, pero me inculcaban hacer cosas malas y una parte de mí se satisfacía en hacer la maldad, recuerdo que a la edad de 10 años comencé a torturar y matar animales en la pequeña granja de mis abuelos, llena de pollos, patos, perros, chanchos, etc., comencé mis primeras torturas, los pollitos recién nacidos los inyectaba con agua y luego los explotaba en una pared, toda tortuga terrestre que encontraba la aplastaba con una roca, las ranas y los sapos los clavaba en una tabla, esto y mucho más que atormenta mi alma al pensar que hubiera sido de mi si hubiera continuado ese camino, signos de un psicópata asesino, soñaba en mis adentros que al crecer sería un asesino de personas, y comencé a inclinarme al lado oscuro de mi alma, todo guiado por entes malvados que dominaban mi forma de pensar.

Toda mi vida ha sido encontrada por fenómenos extraños, tengo tanta memoria desde los cuatro años, algo no común en muchos, recuerdo que a la edad de seis años, un domingo por la mañana, salí con mi abuelo a traer leña, a unas parcelas cerca de unos nacimientos, dotado de curiosidad me gustaba salir al monte, donde encontraba los hechos más insólitos que me ocurrían, seguido por mi curiosidad entre en una corriente de agua que lo que dividía era unos árboles bien tupidos de difícil acceso, cuando logre entrar contemple en un árbol enorme un ser tan pequeño como de diez centímetros que se elevó delante de mí a lo alto sobre mi cabeza, era como un ser humano pequeño pero con alas, le conté a mi abuela y ella me dijo que lo que vi era un "hada". Un año después junto con mis hermanos a las seis de la tarde contemplamos en un árbol de almendra unos seres tan diminutos que platicaban entre sí, y nos volteaban a ver, eran duendes cuando dimos aviso a mis padres ya no estaban, al día siguiente todos amanecimos enfermo y nos dio el sarampión., en una navidad a los siete años, vino un señor a visitarnos fui yo el único que lo saludo y me dijo: vengo a ver a tu madre, no esta le conteste, mi madre andaba con mi abuela buscando a mi padre que en esa época era común sus días de borrachera, dile me contesto que regresare mañana, y luego se fue a la velocidad de un relámpago, al llegar mi madre le conté lo sucedido y no me puso mucha atención, días después mi madre saco barias fotografías y en una de ella observe que estaba el señor que unos días atrás vino a visitarnos, cuando de repente mi madre se puso a llorar viendo la fotografía del extraño, me dijo, nito ben, este es tu tío, mi hermano que descanse en paz que en la guerra murió, era el visitante misterioso, pero a esa corta edad y llena mi vida de apariciones no comprendía bien, si los muertos son muertos y los vivos están vivos. Un dato curioso, mi madre cuando se juntó con mi padre, no sabía que la familia de padre era "familia de brujos".

A la edad de diez años, comencé a descubrir lugares misteriosos, puertas hacia el mundo mágico, una tarde junto con mi hermano, salimos de pesca, al lado de una quebrada, encontramos unas escaleras secretas, que conducían arriba de una colina, la escalera era de piedras de difícil ascenso, trepamos y a lo alto encontramos un paisaje hermoso lleno de árboles de colores y al fondo tallado en piedra un templo, vimos salir del templo un anciano, al temor del anciano, bajamos lo más rápido posible, al día siguiente volvimos al lugar sin encontrar el camino de piedras, buscamos otra manera de subir y cuando subimos, solo encontramos palos de carbón, y de espinas que cubrían todo el área. Nunca más volvimos a encontrar el templo. Otra vez en nuestras andadas, fuimos a visitar un amigo de mi hermano Fran, era en un cerro, él nos habló de una cueva, la curiosidad entro en nosotros, escogimos un día para irla a visitar, el día llego y ansiosos por ir, cuando encontramos la cueva, no dudamos en meternos a ella, era profundo y oscuro de repente una luz cubrió todo y nos condujo a un rio, el rio reflejaba la luz, y al otro lado unos cuartos tallados en las piedras, llenas de cosas brillantes, el amigo de mi hermano grito ¡oro! ¡Encontramos oro!, la dificultad era cruzar el rio, pero cuando nos acercamos más el rio se crecía más y más, hasta el punto de cubrir los cuartos y nos tuvimos que salir, la cueva se inundó de agua, pocos días después quisimos volver a ir, pero la cueva ya estaba cubierta de barro y piedras, en mis adentros sé que hay oro ahí.

Mi crecimiento fue algo fuera de lo común, sin verdaderos amigos, un niño con problemas para comunicarse con los demás excepto para mi familia, en la escuela siempre me mantuve callado, sin platicar en horas de clases, pero a la edad de 12 años vino a vivir cerca donde mi casa, una familia nicaragüense, me hice amigo de uno de sus miembros, hermanos del alma, comencé a disfrutar la mistad, el me enseñó a abrirme al mundo entero, no hay como la amistad verdadera, donde la soledad se aleja y abre paso a un mundo desconocido. Con el conocí el Rock, como me encanta la música el sonar de la guitarra eléctrica, y junto con la creencia del metal en las venas. Cuando mi amigo tuvo que marchar, mi mida cambio y nuevamente el pensamiento de maldad surgió de nuevo, comencé al estudio y practica del Satanismo.

LA MUERTE DE MIS ABUELOS.

"El espíritu humano es tan grande que no hay hombre capaz de expresarlo"

PARACELSO.

Mi abuelo murió de problemas pulmonares, él ya estaba anciano y todas las enfermedades le habían atacado, Don Chico, así le decían, un experto en construir todo lo que le ordenaban, era carpintero, tornero, albañil, escultor, el murió cuando yo tenía la edad de doce años. Él dormía en un ranchito construido de láminas a la par de nuestra casa, a esa edad estaba bien instruido lo que era bueno y malo de las artes oscuras, días después de su muerte, él se hacía ver en la madrugada, era un espíritu en pena, que atormentaba a toda la familia, todas las noches se escuchaba como se quejaba, se escuchaban sus gritos, y no solo lo escuchaba mi familia y yo, sino que también los vecinos. Lo que hiso mi padre para liberar el alma de mi abuelo fue botar el rancho de láminas para que por fin mi abuelo pudiera descansar en paz.

Al botar el rancho, nos topamos la sorpresa de encontrar dos bolsas de dinero guatemalteco, eran aproximadamente doce mil Quetzales, dinero que se llevó mi tía Blanca, la hermana de mi padre. Todo el que este versado en el ocultismo sabe, que un alma pena por haber dejado cosas materiales de valor enterradas o escondidas y por ende no puede entrar al templo del descanso eterno, por ese dinero mi abuelo no podía descansar.

Tenía diez y seis años cuando mi abuela Margo falleció, yo la cuidaba en vida lo que le paso fue un hecho sumamente macabro, que les voy a narrar. Mi abuela tenía la costumbre de guardar dinero en un jarrón de barro, un día el jarrón se le perdió, en su cólera pensó que alguien se lo había robado, entonces hiso el secreto del Candelazo, un secreto que es encender una candela de cebo con sus respectivas oraciones, y que tiene tres etapas según como queda, la primera es que si no se logra encender, la persona que va dirigido la maldición tiene un amuleto o es protegido por entidades superiores., la segunda que si se apaga a la mitad la persona que va dirigido tiene posibilidades de una cura., y la tercera que si la candela se quema toda, no existe cura. ¿Qué causa el Candelazo? Causa una grave infección en la piel causándole una quemadura incurable en algunos casos, y la parte afectaba es como que se la comieran, algo horrible de presenciar.

Mi abuela hizo todos los preparativos previos para la maldición, y en efecto la candela de cebo se terminó por completo, la sorpresa de ella al día siguiente es que se acordó donde había aguardado el jarrón con el dinero, quiso remediar la maldición, pero ya no se podía, resignada por lo que le iba a suceder no busco cura profesional.

En los próximos días ella experimento una comezón en el pie izquierdo, como un hongo que le crecía más y más, mi padre la llevo al hospital, donde le decían que tenía una enfermedad que no conocían, y le hicieron un raspado, con los días le querían amputar el pie y ella no quiso, cuando mi padre la trajo a casa yo pasaba tiempo acompañándola, ella deliraba cosas, veía gente hasta lloraba diciéndome que el diablo se la iba a llevar, un día llego lo inesperado, su muerte.

Días antes de su muerte mi tía Blanca vino de Guatemala, para estar con ella, estando presente, mi tía le dijo, que venía a perdonarla y que mi abuela le pidiera perdón también, cosa extraña para mí, cuando se perdonaron, dejaron sola a mi abuela agonizando, yo estaba con ella, mientras mi padre discutía con mis tíos, mi abuela sufría una horrible agonía, estando solo con ella, de repente dejo de respirar, y un humo blanquísimo se desprendió de su cuerpo formándose a la par de mí, la materialización se convirtió en esencia lo que se parecía mi abuela, estaba tétrico en ese momento en lo real era el alma de mi adorable abuelita, vi reflejado en su pálido rostro una hermosa sonrisa y una vos tan suave que me dijo: cuídate mi niño, al cado de un instante desapareció dejándome una enorme impresión que nunca se me olvidara.

MI TIA BLANCA.

"Mago esta palabra proviene de los persas que quiere decir: sacerdotes. ¿Qué de malo hay en saber y conocer la sabiduría?

Conocimiento Esotérico.

Mi tía Blanca Arminda, cariñosamente le decíamos tía Minda, ella en Guatemala era una bruja bien reconocida por todos los que vivían cerca de ella, su historia como toda mi familia triste de narrar, lamentablemente el sufrimiento es parte de nuestra herencia familiar, a la edad de diez y seis años mi tía emigro para Guatemala. Cuando mi tía vino por la muerte de mi abuela me conto su historia, ya que entre ella y yo había mucha confianza, y era una de mis guías espirituales.

En el entierro de mi abuela Margo, nos quedamos la mayoría de la familia en el cementerio hasta que oscureció, comenzó a contar muchos sucesos que ignoraba de mi familia, desde que tengo uso de memoria, me conto mi tía era perseguida por un espíritu que de día era un gato y de noche una niña que la cuidaba, mi tío Paco el mayor de todos un acecino de sangre fría, impulsado por pensamientos sádicos y perversos comenzó a someter a mi tía con abusos de todas clases, desde golpearla, insultarla hasta que un día paso lo peor (omito esta parte), tristeza meda contar todo esto, mi abuela desconcertada y no poder aguantar más a mi tío, según cuenta mi tío maltrataba a mi abuela golpeándola, extorsionándola hasta que un día, mi tía se aburrió de todos los abusos y se fue a la edad de diez y seis años a huir olvidándose por algunos años de la familia.

Anduvo rodando, en casa por casa trabajando solo por la comida, un día ella se quedó en un hotel, a eso de las diez de la noche, el gato que la acompañaba siempre se convirtió en una horrenda mujer sin ojos con boca enorme llena de pestilencia se paró arriba de la cama y le dijo: ándate de aquí pronto, esa noche hubo una masacre en el hotel y mi tía había salido después del mensaje, huyendo en el oscuro bosque.

Sufrió tanto hasta llegar a Guatemala, conoció una persona que le cambio la vida por completa, volviéndose su esposo. Muchos años después volvió a encontrarse con mis abuelos, y ella de buen corazón siempre me recibía.

Estando en el cementerio con mi tía Blanca me conto por qué dejo de trabajar con El Hermano Simón, cuenta que ella un día se despertó a eso de las dos de la mañana se levantó con una gran sed, y lo que vio le erizó la piel, la figura de San Simón había cobrado vida y estaba acariciando una de sus hijas, tuvo una gran discusión con él y prometió en nombre del Altísimo no volver a trabajar con el Santo.

Ella era poeta, uno de sus poemas todavía lo conservo:

Tú me robaste el sueño.
Que tenía tu personalidad, que me cautivo
tanto, tu forma de hablar de expresarte de
sentirme cerca de ti protegida.
¡Ho Alma mía! me he enamorado.
Me despierto en la madrugada, pensando en
volverte a ver.
Y aun ahora que tengo cerca, siempre me
despierto te veo y me enamoro más, ¿Qué
tienes tú? Que me robas el sueño.

Ella escribió poemas sin poder dárselos a enseñar a la humanidad.

Su muerte fue en el año 2011, según cuentan primero se despidió de todos sus hijos antes de caer en coma, no sintió la muerte.

HERENCIA FAMILIAR.

"un hombre debe adquirir conocimiento esotérico con el único fin de ayudar a la humanidad a que no sucumba ante la sombra de la ignorancia"

Gerard Papus.

Curioso por saberlo todo, investigue los orígenes de mi familia, mis ancestros según cuenta mis abuelos eran Gitanos, existe sangre gitana en mis venas, mis tátara, tátara abuelos andaban de lugar en lugar, hasta que encontraron un circo que los arropo por sus increíbles artes mágicas, según me cuentan el circo se llamaba el Circo del Indio, porque un indio era el dueño, se ejercía la magia en ese circo, hacían grandes ilusiones uno de ellos era ver un pollito arrastrar un enorme árbol, que en realidad era un cerillo lo que arrastraba, pero la ilusión era que viesen el árbol, hasta enterrarse vivos en el suelo y al siguiente día ser desenterrados, pero lo que salía del ataúd era un enorme pájaro, que terminaba colgándose en lo más alto hasta que se convertía en humano nuevamente, el circo era famoso y comenzó a viajar de lugar en lugar, hasta que llegaron a Centro América, donde sucedió el pago de todo los encantos que se hacían en el circo, un día en una acto, el indio se disponía en realizar su Azaña, que consistía en amarrarse los ojos y tirar cuchillos en una rueda de madera que giraba, la asistente era su esposa, él nunca había fallado en su vida, pero ese día llego, cuando el tiro, se escuchó el gemir del público que agritos mostraba su miedo, el trágico accidente ocurrió, él había matado a su esposa clavando el cuchillo en su corazón, al ver esto no tubo opción que abandonar el lugar dejando solos todos los que trabajaban en el circo, obviamente el circo se desintegro, y del indio nada se volvió a saber.

Mis ancestros comenzaban a conocer lugares para poder vivir, pero la mala suerte que sufrieron años de suma pobreza, un día un comerciante los ayudó a trasladarse a un pequeño país, llamado El Salvador, donde lograron establecerse y formar un digno hogar, ahí nació mi bisabuela, fue entrenada en las artes mágicas hasta el punto de ejercer el nahualismo, ella logro convertirse en animal, por lo menos antes de los quince años, pero en su corazón había maldad pura, según cuentan ella se convertía para ir a cazar hombres y los mataba para luego devorarlos, cuando ella se casó, en la noche de bodas quedo embarazada de su primer hijo una noche después devoró a su marido. Con el tiempo se volvió a enamorar logro tener dos hijos más, pero se abstuvo de convertirse, ella sabía lo cruel que era, uno de esos hijos era mi abuelo, el nunca logro conocer el arte mágico, pero cuando se casó con mi abuela, ella si comenzó a prender y ya mi padre nació con el don de la magia, y mi hermano mayor el primero de mi padre, y por último mi persona, y pueda que también mis hijos logren tener el don mágico, pero hoy en estos tiempos la tecnología está evolucionando más que uno.

LOS TESTIMONIOS DE MI PADRE.

"La magia no rompe las leyes físicas, aunque parezca lo contrario, solamente hace uso de leyes superiores, respetando el plano de manifestación físico, siempre se debe de proceder sabiendo esto"

Pensamiento Mágico.

Mi padre nació en condiciones bien adversa de la vida, en absoluta pobreza, mi abuelo los abandono y se fue con otra mujer, eran nueve hermanos por todo y mi padre me cuenta que a la edad de doce años logro tener el primer par de zapatos y lo obtuvo robados, a la edad de trece años se fue de la casa en busca de un futuro mejor trabajo en un molino solo por la comida que ahí le daban, mañana y tarde trabaja en el molino dándole vuelta con la mano, ya que para ese entonces no existía la electricidad, un día lo acusaron de mañoso por la pérdida de un colon y el esposo de la dueña del molino lo maltrato hasta dejarlo cojo de un pie. Meda tristeza al escuchar como sufrió de niño.

Trabajo en una finca de café, y conoció ahí a un señor que le dio cariño como un padre, hasta la edad de diez y seis años, lo cual regreso a casa, para empezar a trabajar en una fábrica de sacos, según me cuenta cuando volvió le entro la curiosidad de aprender el ocultismo cuando visito una feria donde observó varios prodigios sobrenaturales, desde una mujer con piernas de caballo hasta el oráculo de un sapo con cara de persona metida en una caja bien reducida., y emprendió la búsqueda del conocimiento, en ese entonces se armó una sociedad entre seis personas incluidas mi padre, guiados por lecturas de libros de ocultismo, cuando se reunían según me cuenta hacían dos cosa la primera se embriagaban y después se metían a cementerios a invocar fantasmas, tantas historias que tiene mi padre como para tomos de libros enteros, pero me reduciré a los más importantes.

Cuenta mi padre que él estaba listo para hacer el secreto de la gallina negra, tenía la gallina y valor necesario para hacerlo, una noche antes del rito, se le escapo la gallina, que el tenia amarrada de una pata al lado de su cama en un cuarto de láminas, tras de ella salió el para seguirla, lo cual lo llevó a una quebrada y montarral donde se metió y al observar la oscuridad y al perder la fe de haberla perdido regreso a su casa, la sorpresa de al día siguiente es haberla encontrado en el lugar donde la amarro, quiere decir que lo él persiguió esa noche era un ser maligno que si hubiese seguido más adentro lo hubiera hecho loco o algo peor lo hubiera matado. Esa mañana decidió mejor hacer en sopa la gallina.

Cierta vez salió con un amigo del club que tenían, el más versado en el ocultismo el Mauro, y se dirigieron al cementerio con una grabadora de mano se ubicaron en una tumba, y comenzó la interrogación hacia el difunto pronunciando palabras para atormentar al muerto, mi padre no entendía y luego Mauro le dijo que se retiraran, cabe decir que estaban haciendo el experimento a la media noche, al amanecer, rebelo la cinta que habían grabado la noche anterior, la sorpresa y el susto que se llevó mi padre al escuchar que el muerto le contestaba a mauro rogándole que lo dejase descansar y que no lo atormentara con las potentes clavículas que mauro recitaba ante la tumba. Esto lo aprendí le dijo Mauro con un chamán que me enseño las artes mágicas y sirve para saber algo de un ser muerto como por ejemplo si es matado quien lo mato., y así sucesivamente, ya que no tenemos el don de la mediundidad nos toca hacer uso de aparatos electrónicos.

Mi padre paso barias pruebas de temor, una de ellas fue el día que toco enfrentar al Cadejo, según cuenta él tenía una perra recién criando, cuando los perritos comenzaron a amanecer muertos sin cabeza, y mi abuela le dijo, que el Cadejo era quien los estaba matando, una noche con el ultimo perrito lo cuido hasta la madrugada al ver mi padre que no venía el cadejo lo bajo al suelo a la par debajo de la hamaca, el que lo abaja y escucha el chillido cuando se levantó ya estaba el perrito sin cabeza, desenvaina el machete y sale afuera a pegar sobre las rocas, y el Cadejo no se presentó, al día siguiente le toco salir bien noche de trabajar, cuando en el callejo encontró al Cadejo, era un can tan enorme que le entro temor enfrentarlo, rodio por el otro lado, cuando el entro al cuarto el Cadejo arremetió contra la puerta sacudiendo la casa en eso sale mi abuela y con oraciones logro alejar al cadejo, pero esa noche le mato a mi padre la perra que tenía.

En sus prácticas enfrento toda clase de obstáculos, me cuenta que el un día encerró la culebra zumbadora, nueve días la mantuvo cautiva en su cueva tapada fuertemente con una piedra, el día que fue a soltarla, escucho un zumbido horrible abajo del suelo, cuando libero la cueva se escondió y en menos de unos segundos la culebra salió era tan enorme como diez veces su tamaño, en ese entonces la zumbadora comenzó a azotar un caballo que estaba unos metros de distancia lo azotó hasta la muerte, mi padre al ver esto no tuvo más opción que abandonar el proyecto.

El día que mi padre quiso vender el alma, cuenta que ya estaban listos, para que Mauro les presentara al señor tenebroso, esa tarde se reunieron todos, en un terreno alejado de las casas, se aventuraron en las tinieblas de la oscuridad hacia una posa de agua, la posa Azul, posa que cuentan está encantada y habitada por una sirena., en lo alto Mauro dijo: espéreme aquí iré hablar con el hombre y después daré la señal para cada uno baje hacer el pacto correspondiente. Mauro bajo, se desnudó, y se metió a nadar en las profundas aguas de la tenebrosa posa, de pronto un ser desconocido se metió a nadar con él, charlaron un buen tiempo, hasta que Mauro llamo a los demás, mi padre al ver que los otros los habían abandonado, por que salieron huyendo, él se arrepintió y salió tras sus compañeros, lo impresionante que a unos kilómetros estaba Mauro esperándolos y enojado reclama porque habían dejado en vergüenza con el ser de las tinieblas.

Poco tiempo después el extraño ser maligno comenzó a torturar a todos los cobardes que se arrepintieron en hacer el trato, mi padre solo me conto lo que en el sucedió, una noche, él tenía la costumbre de salir a bañar a las pozas del cantón, en su embriaguez se metió a nadar, cuando se agarró de la orilla de la piscina, sintió que dos enormes manos le agarraron los pies queriendo ahogarlo, lucho por su vida, hasta que se libró de esas enormes garras que lo aprendían contra su voluntad, arrastrándose por el suelo escuchaba como las enormes manos aplaudían y una riza macabra que se escuchaba una escena completamente de terror. Cuando no aguanto más la persecución del maligno, opto por enfrentarlo, se preparó con ayuno y oración y en abstinencia total, la noche apenas comenzaba, los perros aullaban las lechuzas cantaban y los pollos del gallinero se espantaron señal de un ser maligno que se acerca, de repente mi padre lo vio arriba del techo pegado en la pared u ser más negro que la noche con una sonrisa que deja terror a quien se dirigía, mi padre con un machete previamente curado, comenzó la lucha que duro la madrugada, mi padre tiene cicatrices de los arañazos del ser maligno, y el ser al ver la resistencia de mi padre opto en abandonar el lugar al escuchar el primer canto del gallo.

Aún tengo recuerdos, cuando mi padre tenía su consultorio médico en la casa, el ejercía la medicina naturista, ahora él se ha convertido a Cristo, pero aún sé que el ser maligno lo visita de envés en cuando, yo lo he escuchado platicar con él, un día Salí de trabajar a las dos de la madrugada cuando pase por la casa de mis padres, y vi que la puerta donde duerme mi padre estaba abierta con el foco prendido a lo largo dos sombras se distinguían y las boses diferentes y en otro idioma, en Latín cuando entre ya no estaba el extraño ser que visita a mi padre.

¿Qué fin tubo Mauro? Según cuenta lo encontraron muerto en sus terrenos sentado en una piedra, la única alma que se llevó el señor del Averno.

Cuando mi padre comenzó a ejercer el naturismo, curaba personas que no se levantaban de la cama, hacia limpias con gallos y los sacrificaba, en mi casa pequeña donde vivíamos él tenía la costumbre de criar perros y gatos negros hoy en día yo mismo crio gatos negros por la virtud que en ellos se esconde, un día Salí con él a un lugar que poco recuerdo, en ese lugar fuimos a visitar una casa donde estaba una mujer enferma, soy testigo que en esa casa sucedió, la mujer estaba en cama y mi padre comenzó hacer sus conjuros y oraciones, en la sala estaban dos candelas encendidas en frente de un espejo una era de color negra y la otra blanca, de repente se apagó la negra, es momento dijo mi padre, salgan todos del lugar solo déjenme a mí y al esposo y a mi pequeño ayudante que era yo, mi padre le paso a la señora un huevo de gallina negra, y al quebrarlo le salieron dentro del huevo ¡gusanos!, según escuche era un mal que le habían hecho a la mujer, el esposo de la mujer enojado, le pregunto a mi padre quien le habría echo ese mal, mi padre le contesto, diríjase al espejo, mira en él y encontrara la respuesta, el hombre se dirigió al espejo y vio dentro de él, y era una amante que el tenia, vámonos me dijo mi padre antes que ocurra una desgracia, poco tiempo después nos enteramos que la señora había curado y el esposo andaba huyendo por haber acecinado a la amante.

Le rogué a mi padre que me enseñara el ocultismo, él nunca quiso y me dijo que el mundo de la magia es de senderos peligrosos, si quieres aprender búscala por ti, yo no te heredaré esa maldición, me respondió.

HISTORIAS QUE MI PADRE CONTABA.

"terror, miedo, pánico, susto y un sinfín de emociones negativas que sentimos por algo que no entendemos"

Samael Vasher.

Una de las historias que me conto era que el recuerda que una vez cuando él estaba pequeño un enorme animal molestaba en toda la casa de mis abuelos, mi abuela Margo agarro todos sus hijos para cuidarlos mientras que mi abuelo luchaba con semejante animal, cuando su fe estaba perdido logro agarrar una antigua arma como machete heredada por la familia, según dicen que el arma estaba curada, con tal arma logro herir al animal, escapando luego por la ventana, al día siguiente bien lo recuerda lo vino a visitar la madre de mi abuelo pidiendo disculpa por lo sucedido en la noche anterior, según ella se había convertido en Nahual sin su consentimiento y salió a casar, meses después ella murió por las heridas ocasionas con la mortal alma, mi abuelo se destrozó por dentro él sabía lo que había cometido.

Cuando mi padre tenía catorce años, él ya se había salido de la casa de mía abuela en busca de un futuro mejor, fue a una velación de donde él estaba, la velación era de un difunto muerto que había practicado el ocultismo, toda la gente se había salido de tal velorio por la razón que el brujo se levantaba de la cama de barájate donde él estaba ubicado, se levantaba y pegaba gritos y volvía a morir, lo curioso que el dicho muerto estaba hasta podrido lleno de gusanos, el hijo del brujo se le acercó y busco en sus bolsillos donde encontró oraciones escritas con su propia sangre, solo así logro descansar en paz el difunto.

"La muerte abandona el alma de un ser pactado con el Diablo, la muerte es un ser puro que se encarga de llevar las almas a su respetivo destino, al Creador. Nada se escapa de ella aun los Ángeles temen de morir y solo uno la ha vencido". Muerte querida de mi corazón.

Tantas historias que me conto mi padre que no basta un tomo para completarlas.

ADICIÓN.

En la búsqueda del aprendizaje, hubo barias etapas en mi vida, que no las mezclaré, las dividiré en secciones porque en mi corta edad tuve barias experiencias y enseñanzas de grandes maestros en mi vida, desde el satanismo hasta el hacer mis propios trabajos de ocultismo. Explicando términos, teorías y el porqué de los hechos, todos ellos en un lapso de 10 años que le dedique al ocultismo con afán y aprendizaje, hoy en día solo me queda enseñar todo el conocimiento que he adquirido, algo que hay que explicar que las ramas de las ciencias ocultas son muy extensas, no hay que mezclar el satanismo con la brujería, y que los métodos de adivinación son extensos, yo solo logre el dominio de la cartomancia, el uso de los caracoles, los sucesos de la naturaleza como los augurios que emiten varios animales y mi favorita la interpretación de los sueños, que en el ocultismo existen el uso de los encantamientos, hechizos, conjuros, evocación, invocación, pócimas, secretos, virtudes, rituales, etc., Pero a la vez una experiencia única en la vida.

SATANISMO.

"Solo los fuertes gobernarán el mundo y los débiles serán sumisos ante ellos"

Anton Lavey.

A la edad de quince años, comencé la práctica del satanismo, en un principio estuve confundido no entendía las diferencias de cada filosofía Satánica, fui guiado por la biblia Satánica de Antón Szandor Lavey, comprendí cada punto de vista de él, pero algo no me cuadraba, en realidad el satanismo laveyano es la religión de la carne, donde Lavey expone que no existe Satanás que el bien y el mal se encuentra en uno mismo, que en este mundo es esencia satisfacer los placeres de la carne, lo raro que a nivel mundial el satanismo Laveyano es el más conocido, existen trece afirmaciones satánicas, once mandamientos satánicos, un sinfín de conceptos negando la existencia de Dios, negando la existencia de la espiritualidad, para una persona como yo, negar la espiritualidad es imposible, comencé la búsqueda del verdadero satanismo, ese Satanismo donde se adora y se conoce al señor de las tinieblas.

En mi época por el año 2006, era difícil conseguir libros de ocultismo, pase una etapa oscura en mi vida, el odio hacia la humanidad crecía cada día, y me volví coleccionista de obras tétricas, como tener en redomas de cristal animales descompuestos, tenía el Santo Corazón sagrado de Jesús y lo bañaba en sangre de animal, colocaba en ese altar diabólico carne para que se descompusiera, le escupía en la cara, en ese entonces era agradable ser blasfemo, creía que así le iba agradar al Diablo, he hice un sinfín de cosas que me avergüenzan recordarlas (he obrado mal y lo admito, la blasfemia en los antiguos tiempos era pagada con la muerte, hoy es perdonada por Dios), cada día leía una página de la biblia Reyna Valera, después de leerla la quemaba y sus cenizas la esparcía en un vaso de cristal con agua para luego consumirla, para mi ese acto era un ritual, toda la biblia me la comí en un lapso de dos años, habían días que no la leía, pero esa lectura la respondía otro día con más páginas, algo bonito que me quedo de esos recuerdos oscuros, es el gusto por el Rock, esa música sí que me encanta.

Maldecía toda persona que me cruzaba en el camino, no tenía amigo más que lucifer, cuando veía prostitutas, personas sumisas en el alcohol, jóvenes destruyéndose en las drogas, me alegraba en ver cómo la gente se destruía sola, más almas para mi señor.

Comencé a coleccionar películas de terror y suspenso y las veía a las doce de la noche en una habitación a oscuras, creando una sicosis en mi interior, deseando algún día lograr las hazañas de los asesinos, tenía una mente bien perturbadora. Pero la Biblia de Lavey no satisfacía mis ansias del Satanismo Verdadero, entonces para mi suerte mi hermano Evelio me llevo a un aquelarre de brujos, un sábado del mes de octubre, conocí mucha gente interesante y una mujer se acercó hacia mí, me dijo: se lo que en tu corazón habita y es la ansias de aprender, veo en ti un corazón perverso, acto para magia oscura., ella sin saber su nombre me entrego un pequeño manual de unas treinta y dos páginas escrita en máquina de escribir, su nombre era "Manual de Ocultismo Satánico" escrito por el maestro, Contreras, la alegría se invadió de mí, en los próximos día todo iba a cambiar, el estudio del manual era único, lo que mi alma anhelaba.

Cabe aclarar que las experiencias sobre el ocultismo con mi hermano Evelio está muy apartado sobre las experiencias que logre con el Manual de Ocultismo Satánico, por ende, separare las dos historias contándolas una por una.

MAESTRO EN OCULTISMO "CONTRERAS".

"El pensamiento Satánico exige utilizar la voluntad, ante todo, el perezoso no cabe en el satanismo"

Contreras. Maestro de las Artes Oscuras.

Al principio del estudio del verdadero Satanismo, comencé a investigar quién era el maestro Contreras, me asocie con gente versada en el tema, y logre descifrar muchos enigmas que causan confusión entre los ocultistas y los no ocultistas. Existen en la actualidad muchos ocultistas que dicen ser llamados el Maestro Contreras, pero ninguna le llega a él, en primer lugar, Contreras desde su juventud logro establecer un pacto con Lucifer y sembró la semilla del asesinato en América: Norte, Centro y Sur, ¿cómo lo logro? Simple dándole a sus seguidores la potestad de cometer crímenes y la capacidad de encubrirlos.

En el año 1980 en California de Estados Unidos, logro contreras fundar un culto y secta hacia Lucifer, llamados los seguidores del 666, la teoría y filosofía satánica la había implementado, pero la sed de maldad que comenzó a surgir entre sus seguidores condujo a Contreras su verdadero propósito en ese entonces un pequeño país de Centro América sufría una terrible guerra era El Salvador, muchos jóvenes Salvadoreños comenzaron a emigrar a los Estados Unidos, y varios jóvenes de los vecinos países también emigraron, Guatemala, Honduras. Entonces se lograron presa fácil para los seguidores del 666, y esta secta satánica comenzó a secuestrar a los emigrantes, para luego hacer sus sacrificios, años tras años hicieron esa práctica, cuando los emigrantes se comenzaron a unir y crear la resistencia, entonces Contreras ordeno que se podía hacer sacrificios matando a sangre fría y decir: Lucifer esta es mi entrega, jalaban el gatillo de sus armas cometiendo sus crímenes, el gobierno nada hacía, ya que los muertos eran emigrantes una plaga para su país.

Contreras al ver que la semilla de la muerte se había sembrado, huyó del país, muchos dicen que se encuentra en Belice, otros afirman que se fue hacia España, solo Dios y Lucifer saben dónde se encuentra., para mí que lucifer ya le cobro lo que le debía.

En el año 1990 los seguidores del 666 se desintegraron, algunos comenzaron a reclutar emigrantes para cometer sus fechorías, con el nombre El barrio 18, y sus enemigos emigrantes que se defendían era Mara 13, años después el presidente de los estados Unidos, dio la orden de las deportaciones masivas, dando la excusa de que eran pandilleros que causaban mala reputación al país, a causa de este hecho las pandillas y maras con sed de dominio, se expandieron por todo Centro América, marcando territorio con extorciones y muertes. Una guerra que se vive en estos días. Contreras logro cumplir sus propósitos, en estos días muchos han querido copiar las enseñanzas de Contreras para lograr propósitos de maldad.

MANUAL DE OCULTISMO SATÁNICO.

El manual empieza así:

"A los iniciados en el ocultismo, le doy la bienvenida, estaré con ustedes siempre y cuando ustedes estén conmigo"

Lucifer.

Temeroso aquel, que osa de leer este manual, que les guiara sobre los distintos niveles del satanismo, tened presente que nuestro señor Lucifer siempre estará con vosotros, os enseñare una lección clara y pediré la más naturalidad de vosotros, este manual no es cosa de juego, por ende, quien lo tenga por pura diversión será castigado con su temeridad llegando hasta la locura.

Contreras.

A continuación, expresaré las experiencias y prácticas que me fueron concedidas en este manual, por favor querido lector no trates de seguir mis pasos, el satanismo no es un juego.

En primer lugar, se tiene que escribir una carta con la propia sangre de uno, sacada la sangre del dedo del medio el que llamado el dedo del corazón de la mano izquierda, la carta tiene que contener los propósitos que uno desea, amor, salud, dinero, fama, riquezas, el dominio de las personas, el secreto de la invisibilidad, etc., y a la vez prometiendo a lucifer que después de haber finalizado todos los niveles del satanismo entregar el alma a él, no prometas el alma antes, porque él es astuto y uno tiene que ser un pie delante de él. En mi persona solo deseaba provocar el daño al prójimo, el arte de matar a distancia, el arte del dominio de las personas.

Cabe aclarar que, en el satanismo, se tiene que ser fiel, y no cabe duda que un satanista es más entregado al ayuno que un protestante cristiano, entonces escrita la carta, se va a dejar a un lugar solo, lejos de la gente, como en una montaña o un bosque u en una cueva., un lugar que solo tú tienes que saber, en mi persona la fui a dejar en un bosque cerca de unos nacimientos de agua.

Luego de esto se somete en ayuno durante nueves días, ayuno y oraciones que el manual indica, oraciones que no mentare por motivos propios, después de nueve días se va atraer la carta, si la carta no se encuentre, tened seguro que satanás te ha elegido, pero si la carta se encuentra de nuevo, se tiene que hacer la misma operación, y analizar cuál fue el error, el primer intento mido fracaso, y el error es que el lugar que yo elegí, era frecuentado por personas que iban hacer sopas de pescados.

Los ayunos son desde las seis de la mañana hasta la seis de la tarde, solo pudiendo consumir un alimento por día, poca agua, y cero consumos de carne, y lo más esencial estar alejado de los placeres carnales.

Busqué durante días un lugar propicio, y lo encontré, era una montaña, se notaba la soledad en ella, un viento invadió el lugar, sentí ser observado por entes malignas, la carta la deje debajo de una piedra, debajo de un árbol de jiote, a los nueve días, la carta ya había sido aceptada por el señor Lucifer, desde ese entonces comencé la practicas del manual, el primer nivel ya había sido completado que es la aceptación. Lugo se hace un pequeño ritual de agradecimiento a Lucifer por haberme aceptado.

Después de haber pasado en mis meditaciones y ayunos hacia Lucifer, mi vida ya había cambiado, el mundo de la magia se abrió hacia mí, he hice mi juramento de lealtad hacia el emperador de las tinieblas, el orgullo se invadió de mi alma.

En los próximos días leí todo el manual, omitiendo hacer las practicas que ahí se reflejaban, una de las practicas que el manual expresa es, "el ceremonial de 7 noches" el manual expresa que en un cementerio se tiene que buscar un lugar que contenga cuatro cruces, se tiene que investigar, estar completamente seguro en las tumbas elegidas no se encuentre un protestante cristiano, porque el ritual no funciona, en el satanismo está completamente prohibido tentar con un protestante cristiano, la razón es lógica, el Creador cuida de los suyos igual que Lucifer cuida a quien de verdad está con él, se tiene por experiencia que ningún espíritu de las tinieblas no puede acudir en un lugar vendito por un ser que en vida sirvió al señor de los cielos, hasta para hacer una invocación en un cuarto aparado se tiene que tener cuidado en la presencia de cruces. Cuando se tiene el lugar escogido se irán a dormir siete noches seguidas hacendó las oraciones que el manual indica, la temeridad en este ritual es esencial, el manual expresa que entes en demoniacas irán a turban tus sentidos a modo que desista.

Tres días después del ritual ceremonial de 7 noches, iras aun lugar apartado con un acompañante fiel a ti, con un revólver, la persona a tres pasos te tiene que disparar todos los proyectiles del arma, si el ceremonial está bien aplicado ninguna bala te entrara, pero si al contrario el acompañante que escojas no quiere y se arrepiente de tirar del catillo, es tu deber matarlo y beberle toda la sangre o la más que se pueda con 21 tragos.

El manual es muy interesante, pero en mi deber me asocie mejor en el poder de las facultades mentales, y mis practicas fueron tan profundas que logre mis objetivos.

DESARROLLO Y LA FACULTAD DEL PODER MENTAL.

"La mente encierra grandes misterios, como el mar y los cielos, dependerá de ti descubrirlos"

Samael Vasher.

En el estudio del mentalismo, logre hacer un pequeño manual apartado del Satanismo, "control y dominio de la mente" (más adelante lo describiré a detalles) quien desee leerlo está a su disposición ya que es el primer libro que escribí. Pero lo voy a narrar lo describiré a detalle en mi otro volumen del mentalismo.

En primer lugar pase bastante tiempo en frente de una aguja suspendida con un hilo, la práctica es poderla mover con la mente en forma de péndulo, al principio de la practica era algo forzosa porque no lograba absolutamente nada, en la práctica del mentalismo se tiene que tener en cuenta tres detalles, uno la absoluta confianza de uno mismo, dos nunca desistir de los intentos y la ultima la paciencia en combinación de la calma es lo esencial, después de tres meses de prácticas, en la madrugada al levantarme, logre la primera señal la aguja se empezó a mover de derecha a izquierda, al principio pensé que era el aire, pero luego me concentre en hacerla saltar y el resultado fue admirable, la aguja saltaba, la sensación de hormigueo en mi cráneo era la prueba de la energía mental que salía de mí.

Con las practicas descubrí algo interesante, la existencia de una fuerza desconocida que emana dentro de nosotros es la que obra en hacer maravillas, la capacidad de exteriorizar esa fuerza es la clave de todo, entonces logrando dominar la fuerza interior, y canalizándola hacia un determinado individuo para manipularla a nuestro antojo, con esta práctica lograba matar animales, la capacidad de atormentar un perro hasta matarlo, una partica odiosa, lose pero en ese entonces era un satanista, hoy en día soy un conocedor del ocultismo en varias ramas del saber.

En un lapso de un año logre manipular personas a mi antojo, con el hipnotismo a distancia logre maravilla, desde la posesión de cosas de valor hasta el amor de una mujer todo esto con el poder de la mente. Hacia ayunos sexuales, me abstenía durante cuarenta días sin tener, aunque sea una erección, luego buscaba el lugar donde había bonitas mujeres las tocaba diciendo mentalmente "eres mía" en los próximos días había dominado la persona hasta lograr mis objetivos.

El manual es interesante, la sed del conocimiento era insaciable, cada día quería más y más. Hasta la fecha no he practicado más del manual, me enfoque en otras áreas del ocultismo, aun no sé si Lucifer algún día vendrá a reclamar su deuda, cabe aclara que no he tenido ningún pacto con él.

LOS PASOS DEL OCULTISMO.

"Ser Sabio no es llenarte de conocimiento, es poniendo a prueba lo aprendido"

Hermes.

En mi vida he tenido muchos maestros que me han guiado en el sendero del Ocultismo, uno de ellos y sin duda mi hermano, él fue un mago de alta magia, sus trabajos los realizaba con San Simón, comencé a interactuar con mi hermano por la misma sed del conocimiento que había nacido en mí, poco a poco comencé en el sendero de la magia, conociendo personas de gran respeto, y lugares que pocos conocen.

EL DÍA QUE CONOCÍ A SAN SIMÓN.

"como quisiera volver a nacer, para poder vivir las experiencias pasadas, mi único consuelo la reencarnación"

Samael Vasher.

Tenía la edad de catorce años, cuando mi hermano Evelio me llevo a conocer un reconocido brujo, el hermano José, era un 27 de octubre del 2005, salimos rumbo al departamento de la unión, hacia una hermosa finca, al llegar me sorprendió la belleza del lugar, la frescura del clima, todo, nos recibió un señor alto, delgado, chele, su cabello largo su carácter alegre, te presento a el hermano José, me dijo mi hermano, el me enseño una buena práctica ese día sobre el ocultismo.

La finca era la casa de él, y tenía un mini bosque, había muchos pequeños cuartos de tras de su casa, que me llamaron la atención, al entrar a la sala me sorprendió más al encontrar figuras religiosas como el corazón sagrado de Jesús, la Virgen del Carmen, el cristo Negro, Santa Marta, en fin la mayoría de la religión de la iglesia católica., yo pregunte el motivo de las figuras, el me respondió que cada figura es poseída por un espíritu en particular llamados Orischas, uno se llamaba ochun, otro chango, omatalaya, etc. Todos con nombres de entidades africanas, me conto que el motivo de tal prodigio es la combinación de religiones entre el catolicismo y las gerencias africanas como el Vudú y el palo mayombe, resultado de la cruel esclavitud que sufrió el pueblo olvidado de Dios, los africanos, ahora entiendo por qué muchos ocultistas tienen esas imágenes en sus aposentos, y otra la protección que les brinda.

El hermano José después de haberme explicado muchas cosas en combinación de mi sed de aprender, me comenzó a enseñar las limpias, el puro, tener una mejor relación con las cartas, etc. Luego pedí permiso para retirarme un par de minuto para hacer mis necesidades del cuerpo, cuando Salí del baño observe que en uno de los cuartos entro un señor pequeño con un bastón en las manos y un sobrero y además fumaba un enorme puro, se sentó en medio de la habitación y de largo me saludo levantando la mano izquierda, le respondí con el mismo saludo y me pospuse a integrarme de nuevo a las enseñanzas místicas del hermano José, de repente él me dijo que iremos a dar un paseo sobre todos los cuartos.

El primer cuarto que me enseño era el de Lucifer, una enorme figura Negra del Diablo dentro de un cuarto tétrico con imágenes de terror y un su pared los números 666 escritas con sangre; este es el cuarto del Emperador Lucifer, me dijo el maestro, no le mires fijamente, me dijo agacha la cabeza y cuando te retires hazlo sin darle la espalda., en este cuarto se hacen magia negra de entrega y para vengarse de enemigos, al cabo de un instante observé que al lado de los pies de Lucifer estaba cajas en forma de ataúdes con figuras de trapo en su interior.

El segundo cuarto era el de la Santa muerte, la figura era enorme como de arcoíris, a la par del lado derecho salían muchas pequeñas figuras de la santa de todos los colores, sentí paz en ese momento al contemplar cariñosamente a la niña blanca. Luego me comenzó a explicar la novena de la muerte, su libro y la forma correcta de mantener una buena relación con la niña blanca, ella es la intercederá con el Altísimo el día en que morimos, nos cargará y nos cubrirá con su manto, muerte querida de mi corazón.

En el tercer cuarto, una virgen negra la adornaba, sin figuras ni rosas que la adornaran, ella me dijo el maestro es la Virgen Negra, la viuda de Jesús, que después de su muerte no logro el descanso eterno, es la consoladora de las viudas que desean volver a abrazar a sus maridos muertos, también ayuda a olvidar un amor, y a la consolación de la muerte de un hijo, muy consultada por mujeres que desean que su sufrimiento acabe pronto y tener una vida de paz.

En el siguiente cuarto, se me helo la piel, pude contemplar que el señor que me saludo, que yo mismo vi que se movía estaba en ese cuarto, quieto era una figura de muñeco de tamaño humano con sombrero y bastón. Veo que ya se conocen, me dijo el maestro, él es San Simón, él te cuidará mientras estés en el sendero de las enseñanzas, y alégrate que mañana será su día de fiesta. Me le acerqué a San Simón y le dije: es un gusto haberlo conocido.

Había un quinto cuarto en el que el no quiso abrir, me dijo que hasta que no esté pactado no puedes conocer ese cuarto, lo que si pude notar el fuerte olor a carne descompuesta que sobresalía del cuarto, un viento fuerte arrasó todo mi cuerpo y logre escuchar el lamento de personas que estaban en sufrimiento, como almas en pena.

FIESTAS DE SAN SIMÓN Y EL HOLOCAUSTO.

"Existen santos no reconocidos por las iglesias pero que su virtud es tan grande como que, si procedieran del cielo, San Simón es uno de ellos"

Evelio.

Era el 28 de octubre día de San Simón, desde temprano ya se estaban haciendo los preparativos. Los sacrificios consistían en un cabrito virgen y gallinas negras, para la cena en honor a San Simón, yo me encargue de sacrificar las gallinas y prepararlas para la ocasión, desde temprano comenzaron a llegar muchas personas de índole del ocultismo algunos en ayuno para poder ser poseídos por el espíritu, otros a realizar trabajos con fotografias y muñecos de cera.

Eran las cuatro de la tarde y el caldo ya estaba listo, la sangre del cabrito mesclada con licor, y su carne en las brasas, a esa hora se comenzaron a reventar los cuetes, y comenzar a abrir las primeras botellas, el licor había en abundancia.

En mis recuerdos la fiesta de San Simón ha sido mejor que navidad, a las seis de la tarde se comenzó a jalar los puros en nombre de Simón, eran aproximadamente como unas cuarenta personas, la noche era joven la luna adornaba el cielo, el misterio del lugar dejaba una sensación difícil de explicar.

La mayor parte de la noche me dedique en aprender las enseñanzas de cada uno de los visitantes, a las siete se comenzó la cena, el holocausto hacia al espíritu de Simón, se comenzó con acompañar un brindis con el licor más fuerte y caro traído desde México, después el bautismo que era la combinación de la sangre del cabrito virgen con el licor, pasadas por la frente de cada uno, fui honrado y bautizado en ese lugar, comencé a sentir una sensación difícil de explicar, y las mujeres se comenzaron a desnudarse en frente de la imagen, se besaban unas con otras, se tocaban provocándose orgasmos entre ellas mismas, de repente se paró una, agarro el sombrero de la imagen y el bastón, hablando en un idioma que no conocía, pero los que sí lo conocían comenzaron a venerar la mujer, era el espíritu de Monchito que la posee, me dijo mi hermano, me le acerqué a la mujer y me dijo: es un gusto volverte a ver de nuevo.

La mujer poseída agarro el pollo y comenzó a repartirlo con todos nosotros, y nos dio de beber más licor, y juntos todos cominos, bebimos y fumamos puros. En ese momento ya me estaba comenzando a entrar en la embriagues del licor, perdiendo los sentidos y arrastrado por la música y el festejo, la alegría de la fiesta, me divertí bailando, me besaron las mujeres, me acortejaron, me hicieron sentir una felicidad que nunca había experimentado.

A las doce en punto reventaron los cuetes más grandes que tenían despidiendo la felicidad que se obtenía con el hermano Simón. Al día siguiente emprendimos de nuevo el camino a casa con mi hermano, esperando un día volver e experimentar la extraña sensación de la noche anterior.

Nunca más volvimos a visitar al hermano José, el tubo que marchar hacia el norte donde el destino le tenía preparado un hermoso lugar para el resto de sus días.

LAS EXPERIENCIAS A LA PAR DE MI HERMANO EVELIO.

"Todo absolutamente todo fue creado por un propósito"

Pensamiento mágico.

Junto a mi hermano el gran maestro, vivimos muchas experiencias en el ocultismo, fui observador de muchas maravillas que el realizo, experiencias malas y experiencias buenas, que a continuación relatare.

Es menester aclarar que existen barias experiencias que viví al lado de mi hermano y mi familia, las que narrare es con base a enseñanzas místicas y su fin es únicamente saciable al curioso y practico al sabio.

EL NEGRO MUERTO.

"Hay buenos y malos, es tu deber seguir un polo y someterse a la ley"

Bruja Emilia.

Era un cinco de enero de 2006, salimos de viaje con mi hermano hacia Guatemala, en un lugar que se llama Mazatenango, en un pequeño pueblo donde las casa están tan retiradas como casi un kilómetro cada una, llena de praderas y cerros, al llegar nos recibió un brujo que se hacía llamar el Negro Muerto, según cuentan, el resucito en la noche de su velación, para cumplir un pacto que había hecho con el cachudo.

Al llegar, él nos condujo por caminos pedregosos, donde la gente al verlo le tenían temor, solo con ver sus caras se miraba el miedo que les causaba, él tenía un aspecto de estar más allá que de acá como dicen.

Llagamos a su pequeña casa, no era lujosa, pero tenía muchas obras tétricas de animales muertos, pinturas echas con sangre, collares de huesos según dicen de humanos. Lo que más me causo admiración, fue el hecho de haber visto fetos de niños recién nacidos en frascos con alcohol, los fetos los obtenía de abortos que el mismo los causaba por un par de quetzales, moneda de Guatemala.

En ese momento, llegaron unas personas de asentó mexicano, para que le provocara un aborto a una muchacha de diez y seis años, embarazó producto de una violación de padrastro, causa repulsión al escribir esto, no quise ser testigo de semejante acto de atrocidad, en mis enseñanzas Satánicas he aprendido a no dañar niños, por el simple hecho que ellos al morir van al cielo y no al hades según la religión. El mundo está lleno de maldad pura. Salí con el pensamiento destrozado. Cabe aclarar que nunca en mi existencia he provocado abortos, más al contrario he ayudado a muchas mujeres a salir embarazada con medicina natural.

Al llegar la noche el comenzó sus actos diabólicos con la joven mexicana, me retire para no presenciar actos viles contra la naturaleza.

Al día siguiente, fuimos a visitar un cementerio en busca de huesos humanos, comenzamos a escarbar una tumba abandonada y al toparnos con el ataúd, el comenzó a decir ciertas palabras misteriosas, después agarro el cráneo del difunto lo metió en un matate para hacer rituales del palo mayombe. Al día siguiente salimos hacia una escuela mística, para aprender sobre el mentalismo.

El Negro Muerto tenía el poder de hipnotizar muchachas y las hacia salir en la noche las llevaba a un rio y hacía con ella lo que él deseaba, un violador en serie, los que lo conocían le tenían miedo, y conocerlo era una experiencia dentro de mi sabía que estaba tratando con un psicópata serial.

Al llegar a un rio, adornada de una pequeña cascada dentro de una llanura de árboles estilo selva, nos encontramos con el Maestro Marcus Inmar Santos, el me enseño ramas de filosofías y mentalismo, pero fue hasta el año 2008 que recibí sus estudios bien a profundo, un maestro único que me cambio mi forma de pensar, por el deje el Satanismo y comencé la búsqueda del verdadero conocimiento en el arte del ocultismo, no dejando atrás las enseñanzas de la filosofía Satánica por supuesto.

Al volver a mi país, nos encontramos con viejas amistades, a mi hermano se le ocurrió formar un grupo de sociedad mágica, todas las noches con los amigos jalábamos los puros hasta las dos de la madrugada, era una especie de circulo vicioso, en esa época yo dormía poco, no trabajaba y lo mejor era dueño de mi tiempo, algo que hoy en día es difícil tener, la mayoría de la humanidad es esclava de un horario, rutina y no queda tiempo para la felicidad.

ALZANDO LOS PUROS.

"Que hay de malo en saber: no practicar; que hay de malo en la práctica: no saber"

Samael Vasher.

Era una tarde del caluroso verano a eso de las cuatro un extraño había llegado a visitar a mi hermano, él era dueño de un taxi y quería un trabajo mágico, el trabajo consistía en que una hermana de él había perdido la residencia en los estados unidos, entonces mi hermano accedió en realizar el trabajo y la mejor manera de solucionar esos tipos de problemas en mediante el "alzando los puros" y en que consiste, bueno antes de todo se tiene que estar para la realización del ritual castamente puro, y no tener miedo.

Mi hermano me explico que entre los muertos existen médicos, abogados, jueces, payasos, todo tipo de espíritus con su profesión, y para poder invocarlos es necesario alzar por decirlo a si los puros.

Ritual paso a paso, lo primero es buscar nueve tierras de donde mataron personas o donde se murieron por tener esta el conecte entre este mundo y el otro, conseguir nueve tierras de cementerios y nueve tierras de lugares como juzgados, puestos policiales, etc.

La búsqueda de tierra fue un proceso largo, pero cuando teníamos los ingredientes era necesario hacer el ritual fuera del cantón, y nos fuimos a un campo, lejos de las casas, mi hermano, el taxista yo y unas amistades, cuando llegamos al lugar ante todo mi hermano nos advirtió tener nervios de acero, se formó un circulo de piedras para protegernos y estábamos debajo de una champa, lo primero es lo primero dijo mi hermano abriendo una botella de Ron, todos nos tomamos unas copas para agarrar ambiente, en medio colocamos las tierras y se comenzó la evocación, todos con los puros, jalando mientras Evelio que es mi hermano hacia las evocaciones correspondiente, de pronto arriba de las láminas se escuchaba como rasgaban con fuerzas, como si unas enormes garras quisieran desprender las láminas del techo.

En medio del campo se hiso la presencia de un ser del otro mundo, era obscuro de aspecto macabro, Evelio salió del círculo se dirigió hacia la figura extraña, y el taxista gritaba "el Diablo" barias beses, estaba tétrico del miedo y nosotros lo comenzábamos a calmar, él quería salir corriendo, esa decisión presentaba un peligro para todos, según dicen quién sale del circulo solo por así, los demonios se lo comen vivo. Todos nos agarramos fuerte mientras mi hermano Evelio terminaba de conversar el espíritu, al regresar mi hermano nos pidió estar a dentro del circulo hasta que amaneciera por el peligro inminente.

A eso de las cuatro y media de la mañana comenzó aclarar y nos fuimos a casa, cansados y con hambre, en los próximos días el trabajo del taxista salió.

Mi hermano me explico que existen secretos que no se pueden conseguir leyendo libros, sino que son revelados por los espíritus, y este quien los sepa puede escribirlos para futura generaciones, he aquí la explicación de los Grimorios.

MAGIA DE PANTEON.

"O se está con Dios o se está con el diablo, pero no se pueden adorar dos amos a la vez"

Pensamiento Vudú.

La magia en los panteones es la más común de todas, desde hacer entierros en las tumbas, hasta comprar tierra, todo lo que se relaciona con las entidades del más allá, tiene poder sobrenatural en este plano de la vida. En mi corta vida comencé a visitar los panteones desde que tengo uso de memoria.

Era normal para mi visitarlos en las horas de la noche, cabe decir que cuando uno es fiel al Diablo, él nos cuida y es una capa invisible ante cualquier enemigo, todo aquel que ande en las artes obscuras tenga confianza en el señor del averno, aunque dice un dicho: que mal paga el Diablo al que bien le sirve, pero dice el manual de ocultismo satánico: donde tu andes yo andaré y seré tu señor lucifer, te protegeré, te seré fiel, en todo lo que pidas te concederé, pero hay de ti, si me traicionas, porque duro será el pago de esta deuda tan grade que tendrás conmigo.

No solo los visitaba de día, sino que también de noche, recuerdo que a la edad de catorce años, como a las once y media de la noche salimos junto con mi hermano Pancho y sus amigos hacia el cementerio, entramos y comenzamos a beber y fumar, a la una de la madrugada en lo alto del campo santo observamos como una enorme mujer de blanco levitaba sobre las tumbas, quede tétrico frente a semejante susto, observando como la mujer bajaba hasta llegar a la puerta principal donde desapareció, cuando mi mente se aclaró, me di cuenta que estaba solo mi hermano y sus amigos habían salido corriendo del lugar, estaba solo en ese momento y asustado sin poder por mi cuenta pensar con delicadeza, me levante y de repente una neblina cubrió el lugar no pudiendo diferenciar la salida, camine y camine, desesperado por encontrar la salida, pasando por tumbas tocando cruces, escuchando murmullos por todos lados, no le aconsejo esta experiencia a nadie, que si en aquel entonces hubiese tenido un teléfono moderno hubiera grabado absolutamente todo. Resignado por la mala suerte, me senté en una tumba, con miedo y con frio espere hasta el amanecer, en todo mi alrededor no había un solo lugar que se escucharan boses, bien recuerdo la vos de un niño que decía "porque estas solo en este lugar" y una carcajada de una mujer de edad, pero no permití que el miedo se apiadara de mí, los libros me lo advertían que ser temerario era esencial para las artes mágicas, de repente el canto de un gallo alegro mi alma, dándole paso a el alba y la neblina comenzó a desaparecer, detrás de mi observe que estaba el cerco, no dude ni un segundo en cruzarlo, llegue a casa, y mi hermano me abrió la puerta todo somnoliento, preguntándome adonde me había metido, enojado le dije un par de maldiciones.

Le conté esta experiencia a un amigo que de cariño le decíamos Mamey, el entusiasmado quería visitar el cementerio, de noche a él no lo dejaban salir, entones en esa semana enterraron a una persona fuimos al entierro, y nos quedamos ahí hasta que todos se fueron, observamos la tumba y entre la tierra había una mandíbula humana, la agarramos y él se la coloco en el pie izquierdo diciéndome que era un vaquero, entre rizas y burlas nos divertíamos, de repente el sintió que el pie le comenzó a hincharse y no podía soltar la mandíbula, asustado se arrodillo y comenzó a orar, en ese momento me sentí ofendido, en mi oído izquierdo una vos suave me decía "dile a tu amigo que me pida disculpas y lo soltare" le comete a Mamey que le pidiera disculpas, él lo hizo y como en arte de magia la mandíbula cayó al suelo. Observe en la tumba varios huesos humanos, como que cuando hicieron la tumba sacaron los restos de otro muerto, y lo peor no los sepultaron como se debía de ser, intrigado por el hallazgo e invadido por pensamientos malévolos, agarre todos los husos que pude encontrar llevándolos a casa, Mamey me pregunto para que los quería, yo le dije que los ocupaba para hacer el juego de ultratumbas, él se emocionó y conociendo lo miedoso que era me burle de él.

A la semana siguiente me visito Mamey, para hacer el juego, nos encerramos en el cuarto de mi hermano Pancho, el andaba trabajando, y comenzamos la operación del juega macabro, los huesos los colocamos en forma de círculos, nos adentramos y comenzamos la invocación hacia los demonios, de repente un grito horrible de una mujer se escuchó, grito que nos erizo la piel, y en una esquina del cuarto se arrastraba la mujer ella gritaba, devuélvanme mis costillas, su apariencia era horrible, Mamey se desmayó, y yo solo observe como ella quería agarrar los huesos, en eso comencé en hacer la oración de las cadenas, para alejarla cosa alguna que la mujer se alejó y llorando me pidió que le regresara sus costillas, cabo del rato desapareció, cumplí mi mandato esa misma tarde fui a regresar los huesos, al cementerio, enterrándolo en la misma tumba de donde los agarre. Mamey ya no aguanto más y en pocos días se hiso cristiano, lo aborrecí con toda mi alma.

Cuando me fui a vivir con mi abuela la mama de mi madre, conocí unos amigos que en aquel entonces eran col, ellos trabajaban en el cementerio municipal de la ciudad, y uno de ellos era ayudante de una morgue, un día salimos para una fiesta, estando en la fiesta se acercó uno de ellos diciendo que él había enterrado una mujer emprendida con muchas cadenas de oro, el plan era perfecto, meternos de noche, buscar la tumba sacar las prendas y volverla a meter, y full con dinero.

Salimos rumbo al cementerio, nos metimos por una entrada secreta, nos dirigimos hacia la tumba que por cierto era un nicho, fácil de abrir y de serrar, mis amigos eran perversos llevaban la mentalidad de violar la muerta, cuando sacaron la caja callo de golpe, abriéndose y era un hombre en estado de putrefacción, el olor era insoportable, cuando callo el muerto se me quedó viendo, esos ojos amarillos sin vida, contemplando la muerte. Cabe aclarar que el amigo cuyo nombre no recuerdo, se equivocó de lugar, los demás enojados comenzaron a golpearlo, amenazándolo que lo iban a meter a la caja del putrefacto, salió corriendo y algunos lo siguieron, quedando solo dos personas ahí, un conocido y yo, nos pusimos de acuerdo y volvimos a meter el muerto en su nicho, lleno de olores fuertes llegue a la casa de mi abuela a bañarme, tomando la decisión de no volver a ver esos amigos de mala liendra, con el tiempo me di cuenta que ellos siguieron malos pasos, se volvieron delincuentes, unos están presos y otros muertos.

Todo campo santo está lleno de misterios, cuyas almas en pena habitan desde el más allá, junto a mi hermano Evelio y otros brujos los visitábamos para hacer rituales y brujería bien para maldad, comprando tierra y haciendo todo tipo de entierros para el amor, no obstante los secretos transcienden más allá, y la mente humana no logra entender el porqué de estos hechos, según citas bíblicas cuando le preguntaron a Jesús de que era de la persona al morir el respondió, que iban a un lugar a descansar, y con esa ideología el cristianismo atribuyó los acontecimientos sobrenaturales a los asuntos del diablo, desde mi punto de vista existen otros mundos des pues de este en planos de vida desconocidos, como la cuarta dimensión, solo la experiencia puede dar créditos a lo que expreso, nada tan verídico para comprobar los hechos es probándolos uno mismo, quien tenga dudas simple y sencillamente visite un cementerio en las horas de la noche, y si tiene temor valla

acompañado de alguien, y experimentara
cosas difícil de olvidar.

MACARIO CANIZALES.

"En los aquelarres, el sol se oculta y la magia surge"

Samael Vasher.

Era un sábado, Evelio mi hermano me dijo, vamos a un ritual de iniciación., emocionado Salí con el rumbo a un lugar llamado Izalco de aquí en mi País El Salvador, el viaje fue largo y nos fuimos en carro contratado por el, al llegar nos alojamos en una casa que mi hermano ya conocía, por lo que observe él había venido antes, la casa era grande y de adobes, una señora de edad avanzada se mecía en su mecedora con un puro que lo jalaba con las reglas del arte, una mujer nos atendió y nos dio de comer.

En la tarde salimos hacia el mercado a comprar unos utensilios para la ocasión, puros, candelas de colores, rosas, ruda esencias místicas en fin lo que en todo acto mágico se ocupa, luego salimos a cenar unas ricas pupusas de Izalco, las que a mí me gustaban de puro chicharrón, entre rizas y amistades cercanas, él ejercía el arte de echar las cartas pude contemplar la reputación que mi hermano tenía en aquel lugar, un par de tragos para agarrar valor decían.

Al caer la noche salimos rumbo al cementerio, lugar que al parecer era visitado por un sinfín de personas, en todo el camino se escuchaban animales salvajes, pero no se podían ver, al llegar nos dirigimos hacia una tumba en específica, la tumba de Macario Canizales. Pero ¿quién era este emblemático ser, que cautivara a la mayor parte de la gente?, según cuenta era un brujo que en tiempos de la guerra protegió a buena parte de su pueblo, quien lograra entrar a su hacienda salía loco o lo peor muerto, cuentan que un sargento quiso someterlo no logrando absolutamente nada pero si un buen susto que quedo loco, Macario Canizales tenía el don del nagualismo, se convertía en toda clase de animal, lo que más me impresiono que al morir hizo un pacto con el Diablo para que lo regresara a la vida logrando volverse a reencarnar años después de su muerte, al principio algunos no creían pero esta reencarnación lograba hacer cosas sobrenaturales que Macario hacía, y no solo le basto reencarnar una vez sino que otra vez, por lo tanto que todos sus cuerpos quedaron enterrados en un solo lugar, en una sola tumba.

La mayor parte de los turista era en visita por el agradecimiento de un favor, como la cura de una enfermedad o la unión de una pareja, etc., la mayor parte cargaban velas y los prendían en su honor, y otras personas por puro entretenimiento, nosotros estábamos por la iniciación de brujos licántropos por decirlo así, según dicen que quienes asistan al ritual más de alguna persona podrá ser nahual, la intención mía era claro, tener el don de convertirme en nahual, y como comúnmente se dice poder de convertirme en animal, la mayor forma son las de un perro negro y enorme, los nahuales de otros países conocen este sistema como ser licántropo, en cada cultura tiene un nombre, pero en fin las mismas funciones.

Al llegar la media noche, la gente se comenzó a irse, solo se escuchaban los murmullos de ellas que decían "vámonos que solo los brujos negros quedan, para hablar con el diablo", en ese momento me sentí con toda la confianza de lograr mis objetivos, de repente arriba de la tumba estaba un hombre de edad, hablaba en un idioma no conocido pero mi hermano lo podría interpretar, él me decía que era el idioma antiguo de nosotros vulgar mente conocido como el "Poton", algunos comenzaron a arrodillarse, la noche se volvió más oscura y una tempestad cubrió el lugar como que se avecinaba una tormenta, una neblina negra comenzó a caer del cielo cubriéndonos a todos, no lograba ver nada, solo escuchaba como la gente se quejaba de dolor, y de repente el aullar de enormes perros, unas bestias salvajes, entre el miedo y la curiosidad estaba, mi hermano me agarro fuerte jalándome y escabulléndose de los enormes animales, corrimos asta cansarnos en un lugar perdidos entre la ciudad y el bosque, nos subimos a unos árboles y logramos ver como una bandada de enormes bestias pasaban por debajo de nosotros, que si nos hubiéramos estado abajo nos hubieran devorado.

Al salir del sol, logramos ver como algunas personas estaban revolcadas en el suelo y desnudas, torciéndose de dolor, mi hermano estaba enojado conmigo, porque según el por mi culpa no pudo hacer la transformación, llaqué una mente curiosa es para ser devorada. La semilla estaba en mi sembrada, era la necesidad de poder transformarme.

Ese día mi hermano hiso algunos trabajos, para poder así marcharnos para nuestro hogar, mi mente estaba traumada por la experiencia, y me preguntaba si aquellas personas desnudas fueron las que se transformaban, la anciana del lugar logro ver mis dudas y me dijo, que quienes lograban transformaban completamente estaban perdidos en la zona boscosa hasta tres días, porque era necesario que lograban controlar sus instintos, pobre de aquellos que se cruzaran en su camino, las que quedan, se trauman por la mara experiencia y nunca logran transformarse, y las desnudas le pregunte ella se me quedo viendo y me dijo: cuales personas desnudas, las que estaban en el bosque le dije las que se torcían de dolor, en realidad me dijo esas cosas no son personas, sino almas en pena, la experiencia de anoche abrió el umbral de este mundo y el otro. Poco tiempo después agarramos camino con mi hermano para nuestro hogar.

INVESTIGACIÓN.

"Toda la historia del progreso científico, está llena de hombres que investigan fenómenos en cuya existencia la ciencia oficial no creía"

Margaret Mead.

Comencé a investigar sobre las posibles maneras de poder transformarme en un animal, desde la lectura de cuentos de terror y las personas brujas que lo lograban, de cierto mis ancestros tenían la capacidad de poder transformarse en animal.

Anote cada formula en mi libro de las sombras, cada practicante del ocultismo tiene un manuscrito propio donde anotan cada hechizo, formulas, encantamientos, fechas en fin un libro que solo él debe de leer, en excepción si lo presta, este manuscrito se llama el libro de las sombras o el libro negro. No solo anotaba lo que logre descifrar, sino que también lo lleve a la práctica.

En mi investigación logre descifrar que existe dos formas legales de poder ejercer la licantropía o nahualismo, la primera nacer con el don y la segunda aprender el don, suena lógico, pero aprender no es nada fácil, en mis descubrimientos comprendí que la iniciación es clave, por lo cual me inicie en el arte, ante todo conviene saber que para aprender hay tres maneras, la común es sin duda el desdoblamiento astral, donde el alma sale del cuerpo para convertirse en animal, práctica que logre establecer, la segunda es la metamorfosis material donde en si tu cuerpo sufre el daño y para siempre, y por último el cambia pelaje, explicaré estos tres puntos, pero antes conviene saber que existe una trampa metafórica, donde se hace creer que en verdad se ha convertido en animal, donde la sugestión es bien aplicada y se logra un efecto de cambio cuando en realidad es tu mente que te juega ese papel, y no solo te engañas sino que también puedes llegar a la locura de quedar así por toda la vida. En varios casos leí que hacían rituales, donde las personas se comportaban como animal y aullaban como perros cuando en realidad lo hacían en personas, para nada se convertían sino al contrario hacían creerse ellos mismo que se habían convertido, un cruel juego mental.

Para la metamorfosis astral es conveniente tener un grado de poder salir voluntariamente del cuerpo, algo que me costó dominar en el siguiente tema lo explicare a fondo, ya sabiendo el desdoblamiento astral se podrá salir en vez de forma humana tomar la forma de animal y poder salir por el mundo, pero, pero, existe una línea delgada entre este plano y el otro, salir en astral no es el problema, la situación es poder pasarte de la dimensión astral a esta dimensión, ¡porque? Y ¿para qué? Bueno en astral tu solo puedes moverte como en sueños cambiando realidad en ese plano y cuando traspasas a este plano la situación cambia, así como te mueves en la vida real y respiras así será tu transformación y lo más curioso es que podrás desplazarte como en la realidad y podas dañar, amar, tocar etc. y si te lo preguntas te podrán dañar siempre y cuando el instrumento este en contacto con canalizador de fluidos, como el ajo y la cebolla, y en algunos casos el agua bendita o exorcizada, y como lograr esta gran hazaña, bueno alguna vez querido lector a escuchado que un brujo para convertirse en animal echa su espíritu en un vaso de agua, bueno el agua es vida pura y si bañas tu espíritu con agua, el elemento puro podrás quedarte en este plano, guardad bien el secreto, que llaves tiene un gran valor. Como se observa esta primera forma la se expresar con claridad por la experiencia, y las demás por solo investigación.

La segunda forma de poder hacer la metamorfosis es la de poder transformar tu cuerpo entero en un animal, como se logra, te explico, solo un simple paso hay quedar, la de hacer un pacto con el señor del Averno, el mero cachudo Luzbel, él es el único ser que te puede dar el don de la transformación ya que él es el rey de las transformaciones, a nadie le aconsejo esta forma, mediante un pacto no hay vuelta atrás, en excepción si el no cumple el trato cosa alguna que le será incapaz de hacer, y por ultima la tercera forma, el cambia pelajes, esta forma es más comúnmente desarrollada por las tribus de nuestros pasados, como los indios, los Celtas etc., su peculiar manera de conseguirlo es por medio de una iniciación, luego salían a casar un animal que desearen convertirse, después de casarlo le quitaban la piel, para luego utilizarlo al convertirse en ese animal elegido. La investigación lo es todo, no pienso alargar teorías sin haberlas experimentado, solo experimente la primera forma las demás son por lo general lo que logre recopilar ya resumido.

EL ASTRAL Y MIS EXPERIENCIAS.

"Cuando el cuerpo descansa el espíritu se mueve por los mundos invisibles"

Hipócrates.

Más de alguno estar familiarizado con viajes astrales, más de alguna persona en el mundo ha tenido una experiencia de poder estar fuera del cuerpo, algunos nacen con el don y otros aprenden con el conocimiento y la práctica, conviene saber que no es nada fácil poder salir fuera del cuerpo y aun que se lograra siempre estaremos atados con el cuerpo físico por medio del cordón espiritual, algunos lo llaman cordón de plata o de oro, es un cordón delgado difícil de ver que conecta nuestros dos cuerpos a un en distancias largas, otra dificultad que se presenta es poder manejar a voluntad el cuerpo astral una vez fuera de su cuerpo físico, esto se logra con el despertar de la conciencia. No se preocupe querido lector, que si usted desea aprender el viaje astral como yo lo logre, lo explicare desde mis experiencias.

En primer punto toda persona puede experimentar el astral, la mayoría de veces esta experiencia se realiza inconscientemente y todo o recordamos en manera de sueños, un alma dotada de curiosidad sabrá la diferencia entre una experiencia astral y un sueño lucido.

Recuerdo que a la edad de diez años comencé a salir del cuerpo astral inconscientemente, la experiencia era aterrador porque lograba ver seres del bajo astral, le contaba todo a mi abuela, ella me aconsejaba que desarrollara el don, pero no hice caso, el temor era grande que lograba ver mi cuerpo acostado en la cama y no podía regresar, y en alguna ocasión me perdía en lugares oscuros, la mayor parte de la noche era una pesadilla, a esa edad tenía el fenómeno de terror nocturno, el miedo a dormirme era inmenso, entonces mi madre me aconsejo poner un vaso de agua debajo de mi cama, eso servía por si mi alma se encontraba sedienta, el alma toma agua y regresa al cuerpo, con el tiempo los lazos de este mundo con el astral se serraron para siempre, hasta que después de la experiencia del hermano Macario Canizales, comencé a experimentar, para poder así convertirme en un animal.

Existen reglas para poder separar el cuerpo astral del cuerpo físico: uno nunca sentir temor, dos estar seguro y convencido de salir en astral, tres no darse por vencido, cuatro no tener espejos cerca del lugar adonde experimentar por que el alma se pierde, cinco no cruzar las manos ni los pies eso causa que las puertas espirituales se sierren, esta regla están sencilla que cuando una persona se muero el cuerpo se enlaza con las manos para que el alma no pueda entrar de nuevo al cuerpo y sufrir el dolor de una tortura que se combina en una resurrección y muerte a la vez, y por ultimo despertar conciencia fuera del cuerpo, esto se logra con un ejercicio de recordatorio, puede ser el estiramiento de un dedo, o salto.

Despertar conciencia es una tarea difícil pero no imposible, todos los días estírate un dedo a mono que se vuelva en una rutina, cuando realices la experiencia astral tu alma se recordara estirarse el dedo y cuando lo haga verás que el dedo se estira y eso no es algo normal en cuerpo físico e ahí que en ese momento despiertas conciencia y prepárate para lo mejor una experiencia inolvidable, lo mismo sucede al saltar, tu alma recordara el salto y lo ara y en ese momento estarás flotando y bum tu conciencia se despierta. Estos ejercicios son practicados por estudiantes de escuelas místicas, y en mi ver son muy recomendados.

Existes barias técnicas para poder separar tu cuerpo astral del físico, entre ellas el Mantra FARAON, posición de feto, concentración, meditación, y que utilizaban los ocultistas de la sociedad teosófica que es el de crear un camino de recordatorio y entre otros, a continuación, explicare como yo lo realizo.

Poder salir en cuerpo astral al principio es complicado y fastidioso, pero con el tiempo la rutina se logra algo tan natural que con menor esfuerzo se logra, existe una gran conexión entre tu cuerpo físico y el astral que están unido por el cordón de plata por decirlo así, y si tú lo contaminas con derramamiento se semen o sangre te será imposible salir del cuerpo físico, es una buena clave para poder desarrollarlo mantenerse puro, no todo la vida te mantendrás puro pero si en los días que desees salir en cuerpo astral, pero a qué se debe esta contaminación, en primer lugar la sangre es la vida y en algunas religión es la que conecta el alma a tu cuerpo, y se sabe que el semen o esperma como lo suelen llamar contiene sangre en su composición.

Es menester crear un mapa de recordatorio, como de seis puntos como así bueno cuando me refiero a un punto es un lugar como el cuarto donde realizas la experiencia, la sala, la puerta, la calle etc., cuando ya logres tener bien establecido tu mapa, te memorizarás bien todo detalle a manera de visualizarlo perfectamente, este es un buen punto.

Al acostarte, tu mente y toda tu concentración estará sujeta al fin de poder salir del cuerpo astral, aleja todo pensamiento lejano a la experiencia a realizar, acuéstate y con los brazos tendidos en forma de cruz y sin cruzar los pies, respiras profundo y cierra los ojos, experimentaras como tu cuerpo flota en el aire ten en cuenta que existe un punto clave para poder salir y que es la línea de relajación antes del sueño lo que es la vigilia, es un punto clave que en ese momento levántate, no pienses que te levantas no sino que actúa.

Al principio te costara y te causara noches de insomnios, a mí me ocurrió, cuando se es merced a la concentración el sueño se aleja y la noche se vuelve larga, la desesperación comienza a surgir, se es difícil mantener un solo punto de descanso, más cuando se ha acostumbrado a dormir de forma placentera y una sola poción, estos obstáculos y más aparecerán en la práctica. No te preocupes con el tiempo empezaras a dominar todo tu cuerpo y créeme que cuando domines el arte de la proyección astral, estés como estés y en cualquier posición del cuerpo podrás desdoblarte.

MIS MALAS EXPERIENCIAS EN LA PROYECCION ASTRAL.

"Procura dejar un vaso con agua debajo de la cama, por si tu alma sale por sed no se aleje demasiado y le cueste volver"

Creencia Popular.

A parte de perderme en el desdoblamiento en una obscuridad total y no poder encontrar mi cuerpo, me sucedieron hechos que en algún momento me dieron ganas de renunciar, uno de los casos es el fenómeno de parálisis del sueño, lo que normalmente se conoce "la subida del muerto" el estado del terror cataléptico, sé que algunos de ustedes a experimentado el extraño suceso, he llegado a tal estreno de no poder no respirar y la agonía comienza a surgir, es como morir, experiencia que a nadie se la deseo, según los científicos, este fenómeno ocurre porque primero se despierta el cerebro antes del cuerpo, tu mente comienza a analizar todo lo que sucede al tu alrededor, y sin poder mover un solo dedo la respiración se vuelve lenta hasta el extremo de no poder respirar., los antiguos magos describían este fenómeno por la visita de los demonios íncubos y súcubos, según cuentan las leyendas estos demonios obligaban a tener sexo con los hombres para extraerles el esperma y poder engendrar más demonios.

Un caso similar me sucedió al principio de las practicas, toda la noche no logre desdoblarme al cabo de algunos minutos me dormí, en la madrugada me desperté y no pude moverme solo abrí los ojos, la respiración se volvió lenta y estaba cerca de mí una hermosa mujer, ojos tan brillantes como las estrellas, el pelo se movía como tentáculos, y no tenía piernas ni pies, flotaba en el aire, cuando deje de respirar ella se subió arriba de mí en ese entonces me desmalle, al despertarme estaba húmedo, avergonzado deje por un tiempo en las practicas del desdoblamiento. En las próximas noches un llanto de una mujer me quitaba el sueño, el llorido era horrible, como la llorona, lo raro es que solo yo la podría oír, las ojeras en mi cara se notaban a distancia comencé a perder peso, las costillas se comenzaban a mostrar, era signo que ese demonio me visitaba en las noches, hasta que un día logre salir de mi cuerpo, y viaje hasta un lugar donde habían personas llorando y se me quedaban viendo se escuchaban los susurros "él no es como nosotros" y escuche la vos de mi abuela, me grito "aun no te toca" le conteste que un ser me atormentaba por las noches, ella me prometió ayudarme, no la vi, solo la vos me guiaba hasta que me desperté de un sobre salto, esa noche sentí la presencia de mi abuela que me protegía, el ser extraño y el llanto ya no los volví a escuchar y los tormentos dejaron de perseguirme, con los días me recupere, logre conciliar el sueño y con los mese logre recuperar las libras perdidas de mi cuerpo.

Cuando volví a comenzar mis prácticas, alguien me impedía que mi alma saliese de mi cuerpo, porque cada vez que lograba un indicio de poder salir, unas manos heladas y gruesas, se apoderaba de mi pecho apretándolo hasta que yo desistía, una lucha constante entre lo sobrenatural y mi voluntad, hasta que logré salir a voluntad.

Era un sábado del helado invierno, era como un sueño pero sabía que no era sueño estaba obscuro y a voluntad comenzó a aclararse todo a mi alrededor, vi mi cuerpo tendido en la cama, Salí a la calle salte y flote una experiencia inolvidable viaje a la velocidad de la luz, y de repente está en un lugar lleno de árboles hermosos, personas trabajando en el campo, yo las miraba mientras ellas no me miraban a mí, pensé en mi casa y al pestañar ya estaba en ella vi mi cuerpo lo acaricie y de repente el cuerpo me salo y bus me desperté alegre anote mi experiencia. Y desde ese momento todo fue mágico, y si se pregunta que logre mi objetivo (el poder de convertirme en animal astralmente), bueno eso lo dejare en suspenso y lo contare todo lo que se puede hacer en el astral en otro volumen de la colección de mis libros.

HECHOS INSOLITOS Y SOBRENATURALES.

"El ser humano le teme tanto a la muerte, sin darse cuenta que al morir seremos igual que antes de nacer"

Samael Vasher.

No soy devoto y ni partidario a una religión, creo firmemente que el cielo es ganado con amor y no fecundando terror a un final despiadado, desde la niñez he tenido contacto con el plano espiritual, recuerdo que a la edad de ocho años logre ver en el cielo un Santo que en sus manos formaba un arcoíris, a la edad de diez años tuve un susto horrible al percatar que unas fotos de mis difuntas familias conversaban entre si peleando según lo recuerdo hechos de su vida en este mundo, a la edad de catorce años me fui a vivir un par de meses con mi abuela materna, y en ese entonces entro en mi conocer la iglesia católica, al entrar al templo me sentí perturbado y el miedo se apodero de mi al ver que una estatua de un santo me estaba observando y cuando lo volteé a ver su cabeza se movió colocándose en su verdadera posición, del templo salí corriendo a todo pulmón. Y así sucesivamente en mi vida han pasado muchas experiencias que solo tienen una sola explicación, el mundo espiritual es real.

El demonio siempre ha estado en contra que visita la religión el mismo lucifer me lo ha confesado en sueños, ase poco de dos años atrás me buscaron para ser padrino de una niña, al hecho no me negué por considerarme parte de la familia de la menor los preparativos están listo y era menester visitar el santo templo, al llegar me sentí desesperado sin ánimos de entrar pero de tanto logre penetrar en el santuario de santos, cuando estaban dando la charla un ser horrible de ojos encendidos me observaba a fueras del lugar en medio de la calle, lograba escuchar su respiración, cuando empezó la misa y el padre pidió el rito de la negación, este rito consiste en negar al diablo, mi boca se puso pesada mi lengua se durmió una gran pesadez callo en ese momento y no me podía mover un humo negrísimo salió de mi cuerpo no podía negar al demonio, al salir de la terrible experiencia sentía que la presencia maligna me perseguía. Al llegar la tarde en eso de las siete de la noche me invitaron a una cena y a disgustar un pastel, era de noche cuando salí rumbo a mi casa y me percaté que un bulto negro me perseguía, no lograba distinguir como era en realidad, pero lo que si estaba seguro que era el mismísimo satanás al llegar a mi casa me arme de valor y lo enfrente cara a cara, preguntándole el porqué de mis tormentos, él me dijo en voz carnosa y bronca que nunca olvidara de dónde vengo y que mi alma tiene una deuda con el que al final tendría que pagar, como humo de llama apagada se evaporó introduciéndose en las entrañas de la tierra rumbo al infierno. Cabe aclarar que este último hecho ocurrió muchos años después de la muerte de mi hermano Evelio, cuyo caso paso a narrar.

LA MUERTE DE MI HERMANO "EVELIO"

"La muerte solo es temida por los hombres crueles y perversos"

Jonás Sufurino y el Viejo de las pirámides.

La experiencia que voy a contarles me cambio la vida para siempre, y comprendí que la vida no vale nada estando en el camino del mal, mi hermano era poderoso en el ocultismo, no había trabajo que él no podía realizar, con solo pedirlo él conseguía todo. El problema de él es que estaba consumido en el alcoholismo. *"la traición se paga caro y el diablo paga mal al que bien le sirve"* no se olvide de esta frase el que quiera aprender el ocultismo.

Aconteció en el año 2010, en esa época a él le llovían los trabajos y las ganancias eran bien apetecidas, vino un cliente que por motivos de ética no pronunciare su nombre, el cliente tenía dinero y sus negocios eran fructíferos, el vino con la esperanza de poder tener a su lado la madre de sus hijos, ya que, el, tenía por decirlo así varios hogares.

Aconteció que el cliente vino para solucionar su problema de hogar, mi hermano estaba con sus disposiciones al asecho para poder así cumplir con su demanda, tenía todo preparado para hacer el amarre de amor trabajando con el hermano Simón, sin percatar las consecuencias que la ambición le traería, ya que mi hermano le callo por ese trabajo una suma de dinero altamente exagerada.

San Simón, un personaje con alto grado de poder, un ser espiritual muy celoso por decirlo así, no tolera un corazón lleno de ambición y pone a prueba a todo aquel que considere su discípulo, en ese entonces todo pintaba que saldría bien a mi hermano en tal trabajo, día y noche lanzo sus conjuros y secretos tanto del puro y velas como amarres oscuros y con el pasar del tiempo no lograba ningún resultado, mi hermano desesperado interrogo al santo sin obtener respuesta alguna, enojado lanzo un sinfín de maldiciones y roto el pacto con San Simón guardo la estatua para luego hacer la traición, comenzó a trabajar con la Santa Muerte, fui yo el pionero de incúlcale a él que trabajara con la Santa Muerte. Considerándola la más poderosa de todos los santos de magia, como lo supuse el trabajo de mi hermano al fin obtuvo éxitos, aclarando que el desespero del cliente y sus advertencias consideran a que mi hermano obstara una ruta de salida cuya manera así se logró.

Mi hermano días después comenzó a derrochar el dinero en bebidas y lujos olvidando a San Simón por completo, un día bien lo recuerdo eran las siete de la noche y mi hermano llego llorando a la casa que el santo le había aparecido y advertido que se lo iba a llevar, algo que todos nosotros tomamos a broma, pero mi madre presentía que algo malo iba a suceder, angustiados salimos con el santo en mano e hicimos el ritual del destierro, terminando el ritual mi hermano rompió el santo y lo enterró debajo de unas matas de plátanos en el solar de una bruja conocida como la esperanza. Al día siguiente mi hermano llego triste a la casa y nos contó que de nuevo San Simón llego a visitarlo y le dijo: *hay Evelio yo que todo te di, y mira como me pagaste, de cierto que desde el día que vuela a tu casa no descansare hasta que te lleve conmigo al lugar donde perteneces.* Mi hermano diseccionado no vio la estrella que le acompañaba en todos lados su mala suerte empeoro cada día más, no tardo ni dos meses de aquel suceso cuando de repente llego llorando contando asustado dijo que San Simón había vuelto corrimos a comprobar y cuál es la sorpresa que vimos al santo en medio de la casa, pensamos que era una broma y salimos a desenterrar el santo que aviamos enterrado en las matas de plátanos, mayor era la sorpresa al percatarnos que no encontramos nada, en conclusión era el mismo santo, mi hermano nos contó que el santo le había dicho lo siguiente: *aja Evelio un gusto de verte, prepárate que dentro de poco estarás con migo en un lugar donde van todos los que me traicionan.*

Con los días el callo enfermo una enfermedad que no se sabía que era, los doctores pronosticaron una enfermedad como el cáncer terminal que iba avanzando poco a poco, en su desespero mi hermano callo en la depresión y alcoholismo dándose por vencido, cuando cayó en cama solo mis padres con él, los amigos se habían distanciado.

Un hecho extraño sucedió con él, se estaba pudriendo en vida, la muerte se le negaba en llevárselo, cuando entraba en su cuarto un olor emanaba de él, como putrefacto insoportable, lloraba sangre, arrojaba sangre y sus necesidades fisiológicas eran sangre, se adelgazo tanto que solo era carne y huesos. Mi energía psíquica se desvanecía junto a él, en mis adentro presentía una presencia poderosa y energía negativa que lo rodeaba el temor se apoderaba de mí.

Los días eran largos para mi familia y el cansancio se notaba en mis padres, como yo no vivía con ellos, mi madre me comento que

Evelio se estaba comportando extraño como que él no era y otro ser se apoderaba de su cuerpo, de día en el cuarto era tristeza y dolor y de noche el aplaudía y gritaba de placer boses diferentes se escuchaban, conversaciones extrañas como espíritus inmundos del infierno. Él le rogaba a mi madre que lo ahorcara que acabara con su sufrimiento. Mi padre entregado al cristianismo y sabiendo la seriedad del problema llamo al pastor de su iglesia, para someterlo en oración, los hermanos del templo llegaron algunos no entraron por el olor desagradable, cuando empezó las oraciones que por costumbre las hacen gritando, Evelio se levantó como muerto andando y voces distintas encamaron de él, boses tenebrosas, el terror surgió y el miedo se apodero de todos, y comenzó por hechos adivinatorios a contar todos los pecados de los hermanos y hasta el pastor: *"Tu que dices predicar la palabra de tu Dios, sabes bien el sufrimiento que le has causado a esa niña, que el niño que la obligaste abortar, eres un violador y Dios te aborrece, te espero en el infierno con los brazos abierto"* el pastor quedo mudo con esas palabras, las blasfemias comenzaron a surgir, deduje dentro de mí, Dios no estaba en ese momento era el Diablo haciendo sus maldades. El culto se suspendió y todos los creyentes cristianos se fueron para sus casas mi padre diseccionado de su religión, se optó buscar ayuda en la iglesia católica.

El padre de la parroquia no se negó, y llego a visitarnos pidió estar a solas con el enfermo, la tranquilidad estaba, y en vistas que todo estaba calmado pensamos que ya había muerto, al rato salió el cura y nos contó: *"acabo de conversar con Evelio y sus seres demoniacos que habitan en él, su alma está perdida por ella no puedo hacer nada, solo Dios con él, más llegue a un acuerdo que lo dejen descansar hasta que el muera, su muerte será en la madrugada antes que el callo cante y que con su canto ahuyente a los demonios"*.

Como vivía largo puse ese día la alarma a las dos de la madrugada, cuando sonó salí rumbo a casa de mis padres, llegando, quede tétrico, y el terror se apoderó de mí, arriba de un árbol cerca de la casa estaba un ser oscuro esperando el alma de mi hermano, era el Demonio, me miró fijamente y todo mi cuerpo quedó inmóvil, mis piernas no se podían mover, el miedo se apodero de mí, de repente el llanto surgió dentro de la casa mi hermano en ese momento había muerto, el ser demoniaco desapareció tomando el alma y llevándoselo al infierno. Mi forma de pensar y actuar cambio en mí del todo, el ocultismo no es un juego de niños ni mucho menos para saciarnos de curiosidad.

ARTES OSCURAS DEL OCULTISMO.

"magia es: el conjunto de doctrinas y practicas fundadas en la teoría de que el universo se

compone de ciertos números de reinos análogos cuyos elementos respectivos se corresponden uno a otro y de manera necesaria intencional"

Magia Practica.

En el ocultismo existen varios grados de enseñanzas, algunas sociedades ocultistas y aun en el lenguaje popular los describen como la magia en colores: magia blanca que es la magia del bien donde interceden seres espirituales que nos ayudan en nuestros trabajos mágicos y ayuda espiritual, magia roja que es la magia del amor de la sangre esta magia encamina un paso a la magia negra, la magia verde que es la magia de la medicina en esta encierra el cambo de la herbolaria y magia de la tierra junto con la naturaleza y por último la magia negra poderosa, cruel, demoniaca, diría en conclusión que la magia en particular es guiada para el bien y para el mal dependiendo el ser que la práctica no todos tenemos buen corazón y no todos tenemos mal corazón, pero no hay que caer en la locura demoniaca que algunos ocultistas caen como los Satanistas que hacen sacrificios sin base alguna solo para saciar su sed de sangre y maldad, el asesinato no es magia sino ofrendas a los demonios, pero al final el pago divino es grande y del karma nadie se escapa. El libre albedrio de ser mago negro o blanco es una elección propia, tampoco expreso que el mago blanco se dedique solo a decir Amen a todo, cuando hay que defenderse de fuerzas psíquicas y aun de vengarse de enemigos que han causado daño hay que hacerlo.

Existe una realidad clave ante todo el mundo mágico, es menester conocerse así mismo para saber que magia hay que utilizar no todo ser humano tiene la misma capacidad mágica, porque en los cuatros tipos de magia existen, hechizos, conjuros, oraciones, decretos mágicos, secretos, virtudes, pactos, evocaciones, invocaciones aunque algunas son más inclinadas por su tipo de magia, tengo amistades y conozco gente que sus usos mágicos son grandes y aunque sus herramientas sean sencillas u complicadas. Lo que, si les puedo asegurar que todos tenemos un talento en particular que nos clasifican como únicos en esta existencia, existen personas que en sus sueños se revela el futuro de otras, hay quienes piensan un suceso u hecho que ha de suceder y con el pasar del tiempo sucede, el don de caer bien a todos y hacer amistades que nos beneficiaran ante todo en fin cada cual se ha de conocer bien.

Por mi parte fui inclinado más por la magia negra, obscura y demoniaca el estar tentado a vender mi alma era un hecho que hasta el momento no lo he logrado, los espíritus avisan de manera única que las características y esto se manifiesta en señales que da la vida. A continuación, contare una experiencia que a muchos los dejara a tónicos y pensando como el mal se manifiesta.

Era un helado invierno del año 2015, tenía problemas con mi primer hogar mi esposa que era en ese entonces la madre de mi hija me había sido infiel, segado por la ira recurrí a la magia sin pensar el daño que ocasionaría en mí y mi familia, el diablo ofrece sus trabajos y su pago es caro, el Demonio no tiene amigos ni mucho menos familia, quien desee servirse de él que lo haga hasta el final y una clave no has de amar a tu familia para que él no te las cobre, llore y mi alma se desgarro hasta los confines del infierno, me maldije y renegué de Dios, y comencé el uso de la magia una venganza cruel y despiadada aun sin importar que tenía una hija de por medio.

Era un sábado y mi aquelarre estaba listo, invoqué los espíritus demoniacos una fuerte tormenta azotaba el lugar, rayos y centellas caían cerca, sin miedo alguno de ver demonios hice todos mis conjuros tenía la imagen de ella en una foto y sus prendas la decisión estaba tomada y era deshacerme de ella con el uso de la magia, con las oraciones del demonio y uso poder del mismísimo infierno mi voluntad estaba aferrada aúna sola cosa, agarre un sapo negro del sexo hembra, le cosí la boca con 13 nudos le ate las piernas y la envolví con las prendas de vestir y foto de la víctima, el lugar donde estaba era solo, el techo se llenó de horribles demonios negros que en sus ojos se miraban las ganas de devorar mi alma. Terminado el trabajo lo guarde en una olla de barro cocido pequeña para poder movilizarlo y la lleve hasta el lugar donde vivía ella lo enterré en el patio donde había un jardín y con paciencia espere los resultados.

Los resultados no se hicieron esperar ella cayó enferma y en lapso de quince días comenzó a adelgazar y presentar síntomas de locuras sus familiares no la creían que ella miraba demonios atormentándola, mi orgullo se llenó de satisfacción, pero Dios se revelo ante mí.

Mi hija tenía apenas cuatro años, el amor que le tengo a ella es inmenso, una tarde la vi en una visión donde ella salió sola a la calle y un auto la atropellaba, asustado salí abusarla, cuando la encontré me salió a saludar cariñosamente y en el fondo de la casa su madre moribunda, el sentimiento de culpa se apiado de mí en ese momento, me sentí una vil basura de hombre, recordé que el motivo de dejar la magia negra era por mi hija.

Cuando salí mis pensamientos no estaban claros, el corazón me palpitaba a mil por hora, en eso encontré a una criatura de la calle de esas personas que se dedican su tiempo a dedicarse hacer la maldad que su familia no es de sangre sino de pandillas, escuché que tenía una música de su clase que en su letra decía: *"salten, salten demonios en tu cama listo para apoderarse de su alma"* música del famoso pandillero *"el travieso"*, sin esperar lo que la oscura noche me tenía preparado.

Al caer la noche la luna con su brillo adornaba la oscuridad, eran las nueve y punto, nervioso sin nada de sueño me fui a mi cuarto a dormir, las lechuzas con su canto anunciaban la venida de los demonios, mi corazón palpitaba el insomnio prevalecía en mí, al sonar la media noche mi cuerpo empezó a paralizarse, el aullido de los perros se escuchó por todos lados, un humo negrísimo entro por debajo de la puerta cubriendo mi cuerpo y miles de criaturas demoniacas se prendieron todo mi cuerpo sus boses eran escalofriantes en su hablar alucian de llevar mi alma al mismísimo infierno, el terror se apodero de mí, en ese momento Dios se había olvidado de mi porque se me negó el derecho de ejercer una oración, no podía ni pensar en un padre nuestro, saltaban esos demonios en mi pecho, aun recupero ese momento como si fuese sido ayer.

Serré mis ojos y en una milésima de segundo una voz divina se apodero de mis pensamientos y me dijo aún hay tiempo con mi último aliento le dije sí. Cuando abrí los ojos los engendros demoniacos se fueron por el mismo humo negro sus brillos de sus ojos que en su interior se miraban las llamas del fuego eterno, era aun de noche y con el valor de un cobarde salí en busca del toquen que había hecho con el sapo, en el camino sentía que me perseguían no volteaba a ver para atrás, al llegar al lugar desenterré el maldito objeto, desate todos los nudos, he hice las oraciones correspondientes, busque un lugar que corría agua y lance lejos todas las maldiciones, cabe recordar que solo yo podía deshacer el encantamiento u otra persona con pacto alguno, más corriendo el peligro que otro lo encontrare y lo quemase seria yo el muerto.

Cuando amaneció, hice una limpia a la víctima y me hice cargo de sus cuidos que al pasar de los días comenzó su mejora, nos perdonamos mutuamente y juré nunca hacerle daño a ella, pero el Diablo siempre cobra por sus trabajos.

EL PAGO DE MIS MALDADES.

"Si hay karma, si hay Dios, si hay Diablo"

Samael Aun Weor.

Aconteció después delos hechos narrados anteriormente, la vida es una balanza, días estamos arriba y días abajo, me entere que iba ser padre de nuevo alegre por mi futuro retoño deje a un lado todo lo relacionado con el ocultismo, me dedique a mi hogar, mi trabajo como control de calidad en una empresa donde vivía, pero mi mujer comenzó a desarme hechos que en el momento ignoraba, no le ponía mucha atención, tale hechos eran como la presencia de un ser en la casa, de noche se escuchaban pasos, cosas se caían, abrían la puerta, saetas que con el tiempo se comenzaron hacerse fuertes hasta que yo los comencé a escuchar.

Una noche escuche el llanto de un niño cerca de mí, no percataba de donde venía el llanto y lo deje sin importarle mucha atención, esa semana me tocó trabajar de noche, en los días próximos mi mujer me dijo que la niña que ella esperaba mi segunda hija, le lloraba en la panza ya con dos meses de embarazo, le rogué que no se lo contara a nadie, por la razón que es una virtud que en la familia los niños que lloran dentro de la panza son mágicos y si se riega la bulla el niño muere, no hizo casi a mis advertencias y mi segunda hija murió en la panza, los doctores no lograron hacer nada solo darle un medicamento para que ella lo expulsara de su cuerpo, cuando lo hizo la enterré con el corazón destrozado. Aun en el helado invierno cuando la niña cumbre años de muerta se oye el llorar de un niño.

A los seis meses después logro salir embarazada de nuevo, y advertida de todo no tenía que decírselo a nadie si presentara un fenómeno sobrenatural de nuevo, hecho que con un mes de embarazo se empezó a notar mi última niña lloraba en la panza, juntos nos turnábamos a consolarla y procurando que ningún vecino la escuchara. Cuando el embarazo tenía ya seis meses los hechos se comenzaron hacerse más fuertes.

Un ser nos visitaba en las noches, yo sentía su presencia, aunque no lograba verlo, el insomnio se volvió parte de mi vida, no lograba conciliar el sueño el cansancio era agotador un día escuche pasos dentro de la sala, me levante y apresure el paso a prender todas las luces, cuando volví a la cama lo logre ver, era como una sombra sin ningún rasgo ni aspecto humano, estaba acariciando la panza de repente empezó a llorar, no me podía mover del tétrico susto, pero me arme de valor suficiente para enfrentarlo, de lejos escuche el crujir de dientes y una carcajada estremeció toda mi piel. No le conté nada a la madre de mis hijas, hasta saber a qué me estaba enfrentando.

Tengo por decirlo así bastante experiencia con la tabla de los espíritus conocida como la ouja, es común para todo el que practique el ocultismo saber utilizarlas, cuando estaban todos dormidos, primero cree círculos de protección con sal alrededor de las camas donde dormían, hice la visualización de la burbuja protectora de mi cuerpo, clame al espíritu guía, y comencé la experiencia sobrenatural.

¿Hay alguien ahí? Pregunté energéticamente, la respuesta fue indiferente, volví a intentar la pregunta, una y otra vez, y nada la esperanza fue inútil, me di por vencido, decepcionado opté por experimentar otro día, de pronto una puerta se abrió, me levante averiguar que estaba sucediendo afuera un viento helo mi cuerpo, el cielo se adornó de nubes negras como que casi llovía ocultando el brillo de la luna, a lo largo un espíritu transparente estaba observándome, comenzó a formarse en caracteres humanos era una mujer, que se me acercó el espectro era claro y me advirtió que una maldad fuerte estaba asechando mi familia que debía de cuidarme, ¿Quién eres tú? Le pregunte, ella me sonrió, y me dijo que era la madre mi mujer, era mi suegra muerta Gladis, me señalo un camino a lo largo un jinete en caballo negro galopaba, corre me dijo el espíritu, metete lo más pronto posible, y un abrir y cerrar de ojos el espíritu desapareció. Corrí hasta mi casa me encerré, el aullar y llorar de los perros se empezó por todo el lugar, los pollos se espantaron, se escuchaba como que un feroz animal luchara con todos los animales.

Al amanecer todos los vecinos estaban sorprendidos, por la barbarie de que los animales habían amanecido muertos, más de ocho perros muertos y los pollos, gallos y gallinas todas muertas como que si el accidente las hubiese matado, algunos vecinos especularon que era el chupa-cabrás, por la razón que no tenían sangre, el terror se apodero de todo el lugar, solo yo tenía una noción que es en realidad lo que estaba sucediendo, aclaro que hasta en estos días en tal lugar los pollos no prosperan.

Pasaron los días y meses, el embarazo estaba culminando su tiempo, la felicidad de ser padre de nuevo era inmensa, una noche caí en un gran cansancio y me dormí temprano cuando me desperté estaba en medio de la sala, pensé que talvez estaba sonámbulo o estaba es astral, salte y flote en correcto estaba en astral, en este estado era peligroso, mi cuerpo era vulnerable en ese momento porque podría ser poseído por espíritus cuando penetre al cuarto un enorme ser obscuro estaba acariciando la panza y mi niña lloraba, no podía hacer nada no me podía mover, clame a entidades benéficas que me ayudarán, de repente el ser desapareció y me desperté sobresaltado sabia dentro de mí que algo malo iba a suceder.

Una noche en sueños un hermoso ángel apareció el brillo no me deja distinguir advirtiéndome que no me preocupara por el espíritu de mi niña, que existen misterios en la vida que no se deben de investigar ni indagar muchos menos dudar, así lo declara la voluntad Divina. Al despertarme di gracias por todo al ser superior.

Un 30 de agosto del año 2016 nació mi niña, lamentablemente los doctores vieron su salud llena de complicaciones al día siguiente mi niña había muerto, lagrimas adornan mis mejías al escribir estos sucesos, un dolor tan grande e inolvidable, junto con ella enterré una parte de mi vida, de mi alma, de mi ser. Amado sea el Creador sobre todas las cosas, porque estoy más que seguro que él, la tiene en un lugar mejor.

Cuando enterré a mi hija, mi alma estaba destrozada, me hinque en el suelo y le roge al Creador que no me volviese nunca a dar hijos, pero solo él sabe por qué surgen los acontecimientos, pero si algún día es parte del destino ser padre de nuevo, bienvenido sea todo lo que provenga de la creación.

Al año me separe del todo con la madre de mis hijas, ella tiene un nuevo hogar, y yo solo escribo mi historia que sé muy bien cosas buenas traerá a quien las lea y enseñanza pura para quien las desee.

POSESIÓN DEMONIACA.

"la línea estrecha entre este mundo y de los espíritus es fácil pasarla tanto por el vivo y los muertos, un espíritu encarnado desea experimentar los placeres de la vida y un demoniaco le es fácil si lo invitamos"

N, Jackson.

Aconteció en el año 2017 en ese entonces estaba tratando con ayudar por medio de la magia a muchas personas, era por decirlo así un brujo, mis conocimientos abarcaban un sinfín de problemas como unión, atadura, amarres, abre caminos, limpias, lecturas de cartas y la cura de ciertos males, tenía una clientela bastante honesta y no le cobraba caro es más algunos les ayudaba sin necesitad que me pagasen solo les pedía que corrieran la voz.

Una fama se corrió por todos lados tanto buenas como malas, algunos atribuían poderes sobrenaturales e inventaban historias falsas de mí, tales historias eran desde hablar con el Diablo hasta volar por los aires, hasta logre tener un cierto problema con algunos aliados del ocultismo, me decían que les estaba quitando clientela.

Venían personas de Guatemala, Honduras, Nicaragua, Belice, para que les ayudara en ciertos problemas con la intersección de la magia, con tanta gente monte un consultorio, mi forma de trabajar era con la naturaleza, conozco las virtudes de las plantas y de los animales, sometía con las claviculas Salomónicas a todo Demonio Infernal para que me ayudaran en tal o cual asunto, todo pintaba en prosperidad y abundancia, pero existen algunas ramas que primero hay que dominarlas antes de entrarse, los peligros de la magia están al asecho, no es asunto de juego ni mucho menos un mero pasatiempo.

Cierto cliente vino en busca de ayuda, para ayudarle en un mal que le acontecía a su única hija, esta estaba violenta y agresiva con ellos sus padres. Me ofreció mucho dinero, a cambio de devolverle el carácter dulce de su hija, sin pensarlo acepte y salimos esa misma tarde en su carro de doble cabina hacia Valencia, un pueblo cerca de donde vivo.

Cuando llegamos al lugar, percate que él era ganadero y comerciante su casa era pequeña con un terreno grande lleno de vegetación fructífera llena de cosechas, su esposa y cuñada estaban haciendo unos ricos tamales de elotes, me saludaron y me llamaron maestro, eso hiso que mi ego creciera, el orgullo de ser un brujo crecía cada día más.

La muchacha estaba encadenada, espumaje salía de su boca, ha empeorado me dijo su madre, cuando la vi me lleno el alma con una lástima intensa, una muchacha hermosa de 16 años con un problema que día a día crecía más, encadenada echa un asco con sus necesidades, olía a putrefacción como de un muerto, con voz de mando les dije a sus padres que la bañaran para luego atenderla.

Una hora después ella estaba lista para ser inspeccionada por mí, su padre la tenía fuertemente agarrada, por la forma en que la miraba y el estudio de su crecimiento en cuanto sus padres me contaron que era una joven normal deduje que estaba poseída, le pasé un huevo de gallina fresca y la sorpresa que el huevo se reventó lleno de sangre, ella comenzó a blasfemar y hablar en un idioma diferente lo raro es que telepáticamente la podía comprender.

Al caer la noche hizo una invocación y en un vaso de agua logre ver el mal que le acontecía, llame a su padre para revelarle todo lo que logre averiguar.

Le dije: su hija está siendo atacada por entidades demoniacas, mandadas por una bruja de poder alto en magia por el pacto que tiene dicha bruja con satanás, la bruja actuó por medio de otra mujer que busco su ayuda para castigar a su esposa el mal lo traía en una sopa de pescado que un amigo íntimo suyo le dio, UD sabiendo que la sopa de pescado le encanta a su esposa no dudo en traérsela, pero su esposa no estaba y su hija probo la sopa dejándola hasta la mitad, en la tarde cuando su esposa llego, lo que había sobrado de la sopa estaba en gusanada.

Él se quedó con la boca abierta y me pregunto cómo sabía todo eso de la sopa, todo lo que le acaba de decir lo vi por mis medios telepáticos en el vaso de agua. Dele gracias a Dios que no se acabó la sopa tiene el 50% de probabilidad de que su hija se cure.

El me pregunto quién era la mujer que le desea mal a su esposa, la mujer que quiso dañar a su esposa es la amante que acaba de dejar y ella en su dolor actuó de esta forma. Enojado y enfurecido agarro un machete y dijo que la iba a matar, yo lo calme y le dije que primero curemos a su hija y lo demás es cosa de Dios.

Dejamos listo los planes para los días posteriores.

EL EXORCISMO.

"Lucifer a pesar de todo su mandato y domino está sujeto a sus mandamientos (Dios), no pudiendo atentar quien haga uso de la cruz"

El Infernal.

Una semana después ya teniendo los preparativos, el padre de la muchacha vino de nuevo a traerme para realizar el ritual del exorcismo, llegamos al lugar de los hechos y esperamos la noche para empezar.

Mis preparativos: estuve en ayuno y purificación, el ayuno consistía en no incorporar alimentos ni bebidas antes del mediodía, lo que tomaba era tres vasos de agua con miel al día y consumía brotes de yerbas y árboles, nada de carne, huevo, leche, todo lo que proviniera de animal, solo consumía lo que la naturaleza me obsequiaba, las oraciones eran desde la mañana hasta el mediodía, una purificación total, me abstuve en conversar con mujeres para no caer en la tentación carnal. Sabia en lo que me estaba enfrentando.

Al llegar al lugar una enorme tempestad asecho y los animales se alborotaron se veía como que una tormenta se avecinaba, como siempre la muchacha estaba encadenada y echaba espumaje en la boca, el olor putrefacto era fuerte, estaba delgada en estado de desnutrición, cabe aclarar que sentí temor por la razón que si el exorcismo sale mal podría morir la joven. Estaba entre escoger entre el temor a resultados negativos del proyecto y era mi decisión mejor decir que no, y el deber en mi ética de ocultista en ayudar a la joven.

Mande a que amarraran toda bestia, mande a limpiar la sala y que se mantuviera serrada todo el tiempo que durase el exorcismo, la madre de antemano tenia agua vendita y yo tenía un as bajo la manga, este as era un suero que por medio de interacción de mi hermano Alex logre convencer a un cura que en la misa me lo bendijera, un suero intravenoso, para mayor eficaz.

Comencé el exorcismo a eso de la media noche, los coyotes aullaban y las gallinas cacaraqueaban, el ganado relinchaban y con el demonio se luchaba, era un escena de película de terror, la madre al ver el verdadero rostro del demonio se desmallo, mis oraciones eran en la latín, tales oraciones eran las que San Cipriano dejo, no baje la guardia sabia en lo que me enfrentaba era un ser demoniaco del mismísimo infierno, su voz era carnosa y como si estuvieran más de tres personas ablando al mismo tiempo.

El demonio me miro mientras ejercía las oraciones correspondientes, me dijo: el infierno te espera, aquí está tu hermano Evelio, se retuerce de dolor eterno, el mismo dolor que te espera, en tres mis brazos tengo tu amada hija. Y me mostro una imagen de mi hija, la que años atrás había enterrado, el dolor se apiado de mi alma. De repente como un rayo de luz del cielo entro en mi cabeza y supe que los demonios tienen el arte del engaño, me volví en sí y comencé el exorcismo de nuevo, todo lo que hacía era en vano, el demonio era fuerte.

Las cosas levitaban alrededor de mí, un espejo se quebró lanzando todos los pedacitos de vidrio hacia a mí, me cubrí como pude solo me golpeo una silla que me lanzo, su padre y un compadre de él la agarraron fuerte, el as bajo la manga era mi última opción, cuando logramos introducirle el suero comenzó el demonio a sufrir el mismísimo infierno, llagas aparecieron en toda la piel de la muchacha, el demonio pedía clemencia que no lo torturáramos, no aguantaba más el suero bendito le llego hasta su espíritu infernal, por primera vez había visto un demonio pedir por clemencia.

Basta gritaba. Le dije por la sangre derramada del calvario mando a que te retires y dejes de atormentar esta familia, me dijo yo no estoy aquí porque quiero, estoy por virtud de magia negra, el rey de las tinieblas manda a reclamar por un alma que le prometieron. Le dije: pues llévate el alma de la que desea mal a esta familia, de repente la muchacha comenzó a echar de la boca un humo negro para luego darle lugar al vómito y sangre.

La muchacha comenzó a llorar, mamá papá decía con el corazón devuelto, todos lloraron y hasta yo, un final feliz para esta familia atormentada. Esperamos al amanecer de un triunfo glorioso.

Al salir el sol estuve meditando por todo lo ocurrido, pensando en el bien que se puede hacer a la humanidad si nos uniéramos grandes ocultistas para realizar grandes proezas para el bien y la existencia humana, me rompe el corazón en pensar que muchos practican lo que es la falsa hechicería, prometo en un nuevo volumen exponer las artes y artificios empleados para sacar solo provecho y lucro de la gente necesitada.

Cuando vinieron de dejar el ganado trajeron una mala noticia, la amante de él, quien pago para atormentar esta familia se había puesto el lazo, un alma se llevó el demonio, el horror se apiado de mí, no estoy preparado para el pago que se requiere en las practicas del ocultismo. Me fueron a dejar.

LA CHARLA INFERNAL.

"Jonás Sufurino, monje del monasterio del Broken, tubo trato con el señor del averno, invocándolo en una noche tormentosa y cumpliendo ya su deseo de verlo, Luzbel le dijo: pues se lo que quieres, te revelare todos los secretos de este mundo y de los otros, Jonás desde aquel entonces se entregó por completo a las ciencias secretas"

El Infernal, la historia de Jonás Sufurino.

Un mes después del exorcismo aconteció un suceso que cambió el rumbo de mi existencia, aunque UD no lo crea querido lector, el Diablo se me apareció y tuvo una conversación muy estrecha conmigo.

Era bien lo recuerdo un sábado, la tarde callo y la noche la acompañaba, venia de visitar una novia la que ahora es mi esposa, ella sabe quién soy y lo que soy, en el camino una negra nube cubrió la luna, y como siempre una enorme tempestad acompaño el suceso inesperado, mi mente se nublo y cuando menos espere estuve en medio de un lugar solo, al principio no reconocía el lugar hasta que vi una enorme galera, el lugar era conocido como la pista, ya que ahí solía caer un avión del dueño de la hacienda.

Lucifer no es como lo pinta, todos los demonios horribles que he conocido no son en absoluto nada comparado con Lucifer, no tiene cola ni cachos.

De lejos veía como una persona hermosa se acercaba cada bes más hacia a mí, de un hablar y caminar delicado, su traje era blanco, hombre alto ojos brillantes su voz me enamoro, me sentí atraído hacia semejante figura, una sensación que no sé cómo explicarles. Me hablo: Buenas noches, sabes quién soy verdad, no, no sé quién eres le conteste, soy al que adorabas antes, al que le entregaste una carta, te has alejado de mí y estás buscando la senda del bien, no te ofrezco riquezas ni lujos porque sé muy bien que lo que quieres es conocimiento y sabiduría, aunque sé que no estás preparado para aceptarme como tu único señor te pediré que todo es válido en la tierra, en el infierno, pero lo que no es válido es que atormentes a mis demonios, solo el hacedor de todo destina los tormentos de cada espíritu.

Y como un sueño desapareció, dejándome dudas si aquí visión fue real, no existía miedo dentro de mí, sentía paz y amor, como que Lucifer y yo éramos uno solo, pase días meditando e invocando dicha figura infernal cuya imagen no volvió a aparecerme. Tome la decisión de dejar un tiempo la ayuda esotérica, hoy estoy comprometido en ayudar en las enseñanzas para el bien de la humanidad, ¿o viceversa? Cada quien obstara como utilizar el conocimiento.

VARIAS ANÉCDOTAS DEL OCULTISMO.

"Los monstruos más temibles, son los que se esconden en nuestras almas"

Edgar Allan Poe.

A continuación, expondré unas experiencias mágicas recolectadas en esta pequeña parte de mi vida, un peregrinaje de enseñanzas con algunos ocultistas y sus misterios, 30 años de vida descifrando misterios y llenándome conocimientos, en esta sociedad existen personas con sus respectivos secretos, teniendo una vida de misterios y en algunos casos llenos de intriga y mal destino.

LA ORACIÓN.

"la Oración debe de ser como el incienso grato hacia el cielo, si no es así simple y sencillamente perdiste el tiempo"

Henry Navarro. Un amigo filosofo.

En un lugar llamado el cerro existía un señor que mi difunto hermano conoció, era llamado Don Gerardo, conocido por el misterio que él nunca cosecho ni sembró cultivo alguno, teniendo graneros de maíz y sacos de frijol, nunca trabajo, y todo aquel que le buscaba granos de este y de otro tipo de consumo él se lo vendía a un precio accesible, precio que hacia enojar a los agricultores que con esfuerzo y trabajo lograban sacar adelante sus cosechas y no poderlas vender.

Mi hermano pudo sacarle el secreto a Don Gerardo y este le conto que hace años visito la ciudad de Guatemala en busca de riquezas y mendigando un padre le dio posada y este le entrego a él una oración para que no sufriera más por hambre, "la oración del sompopo" esta oración tiene la virtud de quien la recitase con fe, los sompopos saldrían en busca de alimentos.

En su historia Don Gerardo a las doce de la noche rezaba dicha oración en frente de una colonia de zompopos en el helado invierno con una vela blanca y una cruz agarrados de la mano izquierda, dicha oración tiene la virtud de hacer mandar a los zompopos en busca de granos, sea maíz o frijol. Los zompopos primeramente cubrían el cuerpo de Don Gerardo y después salían en busca del grano llenando grano por grano un saco de mezcal y antes de salir el sol Don Gerardo recogía el costal lleno del grano que él deseaba.

Pero como siempre quien abusa del poder le acontece una desgracia, resulta que cerca de donde vivía Don Gerardo un campesino perdió toda su cosecha y cuando se enteró de la practicas ocultas de Don Gerardo, el campesino arrebató en una ira que acaba con matar a Don Gerardo a puro machetazos.

ENCANTO.

"Entre brujos y hechiceros hay encantadores, no cometas el error de confundirlos"

Antolina N.

Hacía varios años conocí un ocultista que me enseñó a encartar el dinero, cosa alguna que aborrecí en hacerlo mi ética, mi oral y mi conciencia e impiden en realizar actos de inmundicias, todos los seres tenemos un costo de vida pagado co sudor y lágrimas.

Flamel así se hacía llamar, nunca conocí su verdadero nombre, pero él tenía la costumbre de hacer devolver el dinero que había gastado y por virtud llegaban a sus bolsillos.

Para este misterio el me confeso que hay que esconder debajo de los pies de un santo en devoción en la iglesia, que durante tres misas el dinero sea bendecido, es de mayor cuidado que nadie lo encontrara por que el operador caería en una miseria por el lapso de siete años, quien logre hacer este secreto podrá comprar todo lo que quisiere con la certeza que el dinero se devolvería a sus bolsillos, es de mucho cuidado en no decirle a nadie porque el dinero pierde su virtud, este dinero solo se debe comprar cosas materiales menos alimentos ya que estos se convertirían en tierra o sal.

Lo que hacía Flamel que el compraba algo material con un billete grande denominación y con el vuelto compraba comida, y algunos se preguntaran si el perdió la virtud del dinero cuando me lo conto y claro que sí, lo único que solo se pierde la virtud el dinero encantado que se logre saber y con el tiempo volver a encantar más dinero. Él se fue a vivir a México y nunca más volví a saber de él.

PLACER SEXUAL.

"Teniendo aventuras con mujeres que el destino puso en mi camino, dándome fugases momentos de placer"

Un Poema.

En Guatemala conocí un ex brujo que ya en su vejez servía una iglesia cristiana como jardinero, hacía varios años dejo las ciencias ocultas, a base de una mala vida de derroches y consecuencia de ello perdió con un acto su miembro viril, orinaba con tubos, él era como deforme de la cara nació con el síndrome del sapo y a base de su fisionomía optó formar parte del ocultismo, en sus tiempos era llamado el brujo Macombo.

El me conto su historia y es la siguiente: *al nacer mi madre me abandono, me encontraron en un basurero,* fueron sus primeras palabras y su historia es cada vez más interesante.

Unos ancianos le dieron un techo, comida y todo lo que un niño podría necesitar a base de suma pobreza, sus amigos se burlaban de él, deforme de su cara y obeso con un destino estremecedor. A la edad de doce años murieron los ancianos que lo estaban criando, y su vida de tragedia comenzó, solo imagínense un niño solo y sin nadie en que contar, en las calles vivió hasta cumplir los quince años, a esa edad sirvió como entretenimiento en un espectáculo, era como el centro de la atracción solo por un plato de comida a tener los veinte años se fugó de esas crueles personas.

Un padre de una iglesia católica le dio posada, y los días pasaron y una noche el padre lo sedujo tocándole las partes íntimas y llegando al acto carnal, a si vivió con el padre durante dos largos años, Macombo me cuenta que el sentía asco de esos actos malditos de la carne.

Un domingo celebrando una misa Macombo quedo admirado de una hermosa mujer, se había por primera vez enamorado, la muchacha era hermosa como el amanecer y calmada como el atardecer.

Decepcionado de la vida se quiso ahorcar en una viga debajo de la iglesia, cuando se colgó la viga se quebró dejando descubierto un extraño cuarto, Macombo sin pensarlo dos veces se sometió en la investigación del oscuro cuarto, era pequeño de seis metros de largo y cuatro de ancho, estaba lleno de polvo y telas de araña, había un altar y una figura macabra, y en medio un libro de tapa Roja, el libro se llamaba la Cabra Infernal.

Todas las noches se sometió en la lectura del extraño libro grabando cada acto siniestro del macabro libro y decidió comenzar en realizar los secretos que ahí se contemplaban. El ritual del muerto.

Este extraño ritual se comienza en luna muerta, a las doce de la noche se va aun rio o quebrada, y se invoca a una mujer que pasa lavando en las aguas, dicha mujer tiene un aspecto terrorífico, uñas largas pelo de mezcal y tetas grande, es de suma importancia no tenerle miedo porque se pude hacer loco. La clave es molestarla para que ella lance una piedra, dicha piedra tiene virtud.

El segundo instrumento infernal es un cráneo de una matado, este cráneo es pedido al muerto y obligado, el muerto ruega que no le arranquen la cabeza, y el ultimo instrumento infernal son tres calvos de un ataúd de un niño muerto al nacer.

La forma de servirse de esto instrumentos diabólicos es clavando con la piedra los tres clavos en el cráneo del muerto, se invoca al demonio y en forma de una sombra oscura se entra en el cráneo y habla, hay que pedirle lo que sea y será cumplido, solo se invoca el demonio cuando hay luna muerta (cuando la luna no sale y esto ocurre cada 28 días del siclo lunar, antecede a la luna tierna) no es fácil realizar dichos trabajos y cuando tienes dicho poder los límites son imaginable.

Lo primero que pidió Macombo fue el amor de la muchacha, acto seguro que tubo placer toda una noche con ella, de ahí riquezas y lujos, y así vivió por más de veinte años, una vida llena de dinero, mujeres y todo enemigo era destruido por virtud del talismán del cráneo, Macombo había desgarrado la inocencia de más de 100 niñas, se sentía orgulloso de tener el recuerdo de haber rompido cada virgen que él deseaba.

La tragedia comenzó a surgir, el día que fue padre por primera vez al ver su hijo hermoso murió en sus brazos, esa noche conjuro al demonio preguntándole por qué su hijo había muerto con una buena salud, el demonio le confeso que él estaba maldecido por el cielo no por actos de brujería sino por haber vivido con un sacerdote.

Lleno de odio, coraje agarro el cráneo y lo quebró, liberando al demonio que tenía preso, agarro un cuchillo y se arrancó el miembro viril, mucha sangre perdió en aquel día, pero hoy al verse liberado de sus deseos, siente paz.

Emocionante la historia de Macombo el violador de vírgenes y perturbadora a la vez.

VIVIENDO CON MUERTOS.

"Desde la más remota antigüedad la muerte ha sido para el hombre, el exorable final de su existencia"

Josep Ibrahim.

En un concierto de rock conocí una persona que con el tiempo se volvió mi amigo, su nombre era trinidad, pero le gustaba el sobrenombre de Rancet, su forma de hablar y de vestir creaba un ambiente de misterio, él no sabía que era yo un ocultista, un día salimos a comer una sopa de gallina india que su mama había preparado, luego nos adentramos a una plática interesante, él era mayor que mí, y trabajaba en una funeraria.

Yo quería sentir la experiencia de preparar y embalsamar un muerto, el sin pensarlo me enseño donde trabajaba, esa tarde le llamaron por teléfono y salimos hacer un trabajo juntos, la noche condujo a lo misterio, cuando llegamos a la funeraria nos adentramos a una habitación donde estaba un cadáver, lo desvestimos y comenzamos a hacer los preparativos para ser embalsamado, en el proceso Rancet me dijo que tenía el don de hablar con los muertos, yo no le creía, y él me dijo que cuando me vio por primera vez, sabía que yo no era una persona normal, existía en mi entorno una atmosfera extraña un aura distinta a los demás, y cerca de mí un ser que me protegía. Yo sé, me dijo Rancet que a ti te gusta el ocultismo, asenté con la cabeza diciéndole que sí, continuo Rancet en decirme que a él no le interesan esas cosas, pero un favor te pediré, cuando parta de este mundo, tú serás el encargado de embalsamar mi cuerpo y quiero que me pongas en mis ojos dos monedas de plata para el barquero, es mi creencia, me iré a vivir con los muertos.

A los pocos días Rancet se había quitado la vida, sus familiares no me dejaron arreglar su cuerpo, pero si ponerle las dos monedas de platas una en cada ojo.

Rancet sufría de depresión y una triste soledad, a sus cuarenta años nunca se había casado ni mucho menos conocer un hijo. El suicidio es una aberración, quien se mata germinara como árbol en el abismo y serán torturadas con las arpías hasta el final de los tiempos.

Y a si querido lector he conocido muchas personas buenas y malas y la experiencia adquirida con el pasar de los años me ha llenado de satisfacción a mi alma curiosa.

DESTINO.

"Cada uno es el único responsable de su triunfo o su fracaso"

Un solo Pensamiento.

siempre he dicho que la suerte es una palabra que carece de sentido, menosprecia el esfuerzo contribuido en el éxito, la suerte no existe, todo los que nos pasa en le vida es el resultado de nuestras acciones, no sabemos hasta donde tiene alcance nuestras decisiones en la vida.

Las leyes que rigen el universo están desde la creación, causa y efecto, compensación, karma, etc., muchas leyes que conocemos he ignoramos, vivimos en el aquí y ahora, el presente, como dice Cabral: el pasado ya se vivió y el futuro es asunto de Dios.

Conozco asesinos que tienen una vida de rey en un país extranjero, y veo morir gente buena en las peores circunstancias, y no es culpa del Creador estar a si de esta manera, sino que todo esto se los debemos a la ley del agorismo, por eso hay pobres y ricos por eso Dios creo el mundo redondo para que nada en la vida fuese parejo.

Pero a beses existen señales que te advierten que vas en el camino correcto o no, llámese presentimiento, intuición, iluminación, etc., la razón es que somos creados para tallar nuestra forma de vida en la existencia misma.

Un brujo que es travesti conocido como lixi, en sueños se presentó la Santísima Muerte advirtiéndole que lo iban a matar, este a media noche salió del lugar y se fue a huir, en un lapso que un mes estaba en Estados Unidos, y ahora tiene una vida de rey.

Otra persona que conozco Samuelito, adorador de San Simón, le pidió que se lo llevase a un lugar mejor, San Simón en sueño le revelo la ruta a seguir con el tiempo esta persona logro tener una vida en Europa.

Un conocido homosexual de nuestro cantón sin padre ni madre y viviendo en suma pobreza, en sueños se le revelo un espíritu que se fuera al extranjero que sería bendecido por él, sin dudarlo y sin dinero se condujo a extrema aventura logrando atravesar sin mayor problema los arduos desafíos del viaje, hoy es un empresario de una línea de estilistas.

Abecés las señales de la vida suelen ser espíritus guías, pero la mayor parte de las señales sedan por mensajes que hay que interpretarlos, estas señales suelen ser de radio, televisión, un comercial una persona etc. Vivimos en un mundo lleno de casualidades y oportunidades.

AQUELARRE.

"Entre los senderos y cavernas, encuentras personas que se disfrazan de campesino y estuviesen como recogiendo leña, pero en sus adentros están realizando conjuros y hechizos"

Encuentros Paranormales.

Muchos beses asistí a reuniones de brujos, las que celebraba mi hermano Evelio como los demás conocidos en el mundo del ocultismo, estas reuniones se hacían los sábados, eran los Sabbath, dichas reuniones eran para realización de rituales, ceremonias conjuros y demás artes.

Recuerdo que en una reunión estábamos jalando puros en un círculo de asistentes de repente algo callo en el techo, y dio vueltas hasta estar en medio de nosotros, de repente una neblina cubrió todos los asistentes y comenzamos a caer en trance, mi alma se tele-transportó a un lugar, era un bosque y dentro de él salieron grandes personas mayores, tales personas hablaban en un idioma que nunca había escuchado, me señalaron y bum desperté y veía a mi alrededor como deliraban los demás como que tenían pesadillas, era un espectáculo estremecedor.

Recuerdo que en otra reunión en un casa privada, una bruja estaba haciendo un trabajo de amarre, dicha bruja se tocaba sus partes íntimas en frente de todos, un amigo se éxito y la bruja a ver el joven excitado pidió que este la tomara en acto sexual, mi amigo sin pensarlo accedió he hicieron el sexo en frente de todos al terminar mi amigo este cayó al suelo sin energía, la bruja había absorbido toda la energía física y psíquica para la realización del ritual, con los días me di cuenta que el amarre resulto un éxito y mi amigo no se recuperaba del todo.

Las reuniones de brujo eran frecuentes en la casa de mi hermano, él tenía un don de persuasión admirable ante toda circunstancia, no había nada ni nadie que le impedía un trabajo de brujería, él era el brujo mayor y yo el ayudante, mi trabajo consistía en hacer limpias de auras y personas, tiradas de cartas y atracción de espíritus.

FALSOS BRUJOS.

"Ser adicto a la adivinación con llevan grandes consecuencias una de ellas las estafas"

Antolina N.

no solo conocí grandes ocultistas también grandes estafadores, donde vivo existía una sociedad de brujos falsos y sin quererlo con el pasar de los tiempos fueron encarados por los mimos clientes, todas las personas que me acercaron por una ayuda espiritual me contaba sobre las cantidades de dinero que estos falsos brujos les quitaban.

El modus operandi de ellos era el siguiente:

Cuando llegaba un cliente a una consulta, el brujo le tirabas las cartas trucadas y comenzaba la lectura física de rostro en frio, esta lectura es estar viendo la impresión del consultante y sus comportamientos dicen mucho, unas series de preguntas aleatorias y confusas hacían caer al consultante, llegando a caer en la trampa.

Otro método era el de recomendación, una persona se encargaba de recomendar tal brujo y esta le informaba al brujo que tal persona iría a verlo con tal problema, el falso brujo sabiendo las intenciones del cliente este con sus artificios y mañas hacían caer a la víctima quedando convencida de sus poderes sobrenaturales y ende soltando las sumas de dinero.

Los falsos brujos piden dinero para tal o cual cosa, el lema "el dinero del material" es el comienzo de unas cadenas de estafas, cuando el trabajo solicitado no salía el brujo inventaba alguna escusa como la presencia de un talismán, protecciones de oro, o que a la víctima le están haciendo un trabajito.

Los falsos brujos se aprovechan de la adicción de las personas, algunas personas son adictivas en las tiradas de cartas cuando les sucede tal problema corren a que se les tire las cartas, esta debilidad es una fuente de ingresos para el estafador, la adicción de las cartas hace a las perdonas el síndrome de incapacidad de toma de decisiones, creando un ambiente incierto del futuro. En mi experiencia algunas personas venían a visitarme hasta tres veces a la semana siempre por el mismo problema, yo me negaba en tirárselas, se tiene que esperar que se cumpla lo predicho en la cartomancia, sino se cumple lo único que sucede es una cadena de inciertos y confusiones.

En mi lugar la forma de operar era que si alguien pedía una tirada de cartas solo le cobraba cinco dólares y si era del exterior se suman los diez, con el pasar del tiempo estos clientes siempre volvían por la razón que todo lo que las cartas le decían se cumplía. Cuando se trataba de una limpia solo pedía el dinero que yo gastaba, cuando se solicitaba un trabajo no pedía dinero por adelantado, sino que invertía para después recuperarlo, en algunos casos le pedía al cliente que consiguiera él o ella los preparativos, cuando el trabajo salía pedía el costo según sea la voluntad del cliente, algunos eran tacaños y otros bien considerados, y el que se hacia el loco y no daba el agradecimiento simple y sencillamente deshacía el trabajo.

Las redes sociales tienen mucha información para caer en las estafas, cuando surge una separación algunas personas lo publican y sabiendo esto el brujo es fácil de engañar a la víctima. Las enfermedades, infidelidades, enemigos, problema de trabajo y un sin de dificultades que enfrenta la humanidad es el pan de cada día para muchos estafadores.

EL MIEDO.

"El miedo es un arma poderosa, es un escudo que nos protege de hacer lo absurdo, solo mediante un esfuerzo de voluntad se puede dominar el miedo"

Parapsicología.

El ocultista no debe de tener miedo ante los seres del plano astral, si temes no practiques porque puedes caer en la tentación de espíritus impíos, la mente es creadora de miedos, cuando se excita la imaginación a tal punto de caer en una confusión el miedo le preside, en la noche cuando los decibeles de sonido son muy bajos los sentidos están más sujetos a experimentar el más mínimo ruido, confundimos hechos naturales en sobrenaturales.

Tenía un amigo que era miedoso, el pensamiento de que algún día iba a morir le causaba terror, era precavido en ciertas cosas, como alimentación y excesos, decía que la idea era alargarle más la vida, no tomaba ni fumaba ni se desvelaba en las noches, pero la suerte le tenía preparado una jugada, un día tuvo un accidente de tránsito y murió.

Otro amigo que se asustaba con solo la sombra, un día veníamos de una velación a eso de la una de la mañana, como de costumbre antes de salir de la velación, mirábamos al muerto en la caja, mi amigo en el camino se abatió que miraba un bulto y este bulto para él era el muerto, entro en pánico y se desmayó, al revisarlo percate que tenía en el ojo derecho un bulto de sus propias secreciones del iris y este le ocasionaba la sombra, su cerebro interpreto y el miedo le asedio cállenlo en el pánico del terror.

Cierta vez con el mismo amigo veníamos de otra velación, y de largo en el camino observamos un bulto blanco en forma de humanoide, este bulto se movía y como que tenía un brazo que nos llamaba, mi amigo el miedoso salió corriendo devolviéndose de donde veníamos, el miedo no es cosa para mí, pase y lo enfrente percatando que solo era una sábana en un cerco de alambre que se había trabado y el viendo la meneaba haciendo aparecer tétrica en las tinieblas de la oscuridad.

Siempre me gusto salir de noche, me sentía libre más cuando había una vela y ver el amanecer en un cierto lugar como el cementerio, cierto día venia de una fiesta lejos de donde vivo y a pie solo desviando los caninos que me encontraba en el camino, pe pronto estaba en las puertas del cementerio y decidí adentrarme para contemplar el campo santo, el cementerio es como un cerro, a lo alto estaba contemplando todo y observe que en unas tumbas estaban dos personas haciendo rituales de panteón, era un hombre y una mujer, el hombre lo logre conocer llaqué era un brujo amigo conocido, la mujer una cliente de él, me pare encima de unas tumbas la luna estaba a mis espaldas como de costumbre siempre vestía de negro, al verme los dos gritaron "EL DIABLO" y salieron corriendo que ni las cruces los detenían, era una escena cómica, baje para ver cuál era el trabajo y se trataba de destrucción de enemigo.

Cuando andaba de novio con una muchacha, tenía la manía de verla solo en las noches, su padre era delicado y no me quería él sabía que yo era brujo y no quería un mal para su hija, cierta vez cuando venía de visitarla eran la media noche la calle estaba sin luces y a oscuras solo la luz de la luna alumbraba mi camino, a lo largo observé que venía una persona, analicé que venía en estado de ebriedad y tenía entre sus manos un machete, cuando me vio se apresuró para donde mi estábamos a cierta distancia, y sin tenerle miedo lo enfrente, pero cuando crucé cerca de un árbol que daba sombra un perro que estaba acostado debajo del árbol salió delante de mí, el señor a ver esto salió corriendo, la ilusión que cedió en ese momento es que estando a oscuras y solo la luz de la luna al entrar en la sombra del árbol y salir el perro daba a entenderle al señor que me había convertido en perro, al día siguiente andaban la bulla que Olayo el brujo se había convertido en perro y asustado a tal persona. Le echaron la culpa al estafador de Olayo.

Y así querido lector la mente nos puede jugar ciertas bromas, los verdaderos sustos no solo se sienten, sino que se vive, se conoce los seres del astral perfectamente, existe una gran diferencia entre lo real y lo ficticio, el extrasensorial de nuestro ser está a un hilo de establecernos en un mundo de contemplación, el miedo es una espada de doble filo, es nuestra defensa y nuestra debilidad.

TRAGEDIAS.

"No es el karma es el destino, no es el destino es el karma"

Francisco H.

Hasta aquí solo he contado experiencias de mi hermano, mas no de mi otro hermano Francisco que cariñosamente le llamábamos Pancho, él tenía una mentalidad diferente a la nuestra era algo especial, tenía problemas d autodominio hasta el punto de ofender a mi madre.

Él se acompañó con una joven muchacha de 15 años su nombre era Zulma, estaban hechos del uno para el otro, porque ella también tenía problemas de autodominio, en pocas palabras estaba más loca que mi hermano, la historia que voy a narrar es algo fuerte pido consideración y cautela cuando la lean, es algo larga.

DUMBA.

"Cuida de tus pensamientos que algunos se vuelven realidad"

Hermes T.

Estaba joven y era Satanista, mi mente y espíritu era de satán, pero el pelear de mi cuñada y mi hermano eran el pan de cada día, harto de todo un día cree un demonio en mi cuarto para asustar a mi hermano Pancho, este espíritu era un enorme perro, no solo asusto a Pancho, sino que lo mantuvo fuera de las calles un buen tiempo por el miedo, el no salía decía que el Cadejo lo atormentaba. El demonio que había creado era una Dumba y es una representación mental y psíquica de nuestros peores deseos y pensamientos algunos lo llaman el oscurus.

El problema de estas creaciones mentales es que no solo atormenta a otros, sino que a nosotros mismos. El monstruo tenía un nombre se llamaba Belzer, su única misión es solo atormentar más a quien se le cruce en el camino. Y esta creación comenzó a tortúrame, cuando me despertaba él estaba al lado de mi cama, su sonrisa era escalofriante, su respiración se sentía y el miedo crecía, me decía que me iba a llevar a los confines del infierno, un día cuando salí en busca de tierra de cementerio me siguió y dentro del campo santo me ataco, arrastrándome a una tumba obscura y tenebrosa, sabía lo que había creado y por medio de una fuerte energía mental comencé a torturarlo, su grito era escalofriante mi voluntad estaba en destruirlo, y lo logre, al salir del cementerio me conduje a dormir todo un día. Las creaciones Tumba son fácil de hacer y muy peligrosas, en barias ocasiones sus creadores mueren por los tormentos de esos espíritus de energía psíquica.

Con los días comencé a experimentar torturas endemoniadas, los espíritus del inframundo querían meterse a mi cuerpo, una visión se me presento en la noche una hermosa mujer me señalo un libro, este libro se llamaba el Casco del Diablo, yo se lo había robado a mi padre, libro antiguo que ya no existe, este libro tenia demonios en sus páginas, al día siguiente hice un hoyo y lo queme y la única que me vio era mi cuñada, la esposa de Pancho, de repente tuve una visión de ella metida en una caja de muerto. Siempre lo digo y seguiré diciendo, el Ocultismo no es un juego de niños.

Así como yo experimentaba con el satanismo y ocultismo, otros brujos hacían lo mismo y algunos triunfaban y otros fracasaban, eso le ocurrió una bruja que se convertía en una Mona.

BRUJA MONA.

"Yo por mi propia experiencia he sabido que ciertas mujeres cuando rondan por la noche en forma de gato"

Nike Jasón.

La mona atormentaba todo el Salvador y sus tormentos alcanzaron los otros países, nadie sabe quién era en realidad, existían boletines con una supuesta bruja de Izalco que se convirtió en una mona por obra del Diablo y que uno de sus hijos había botado el espíritu del vaso de agua, quien en Centro América no se acuerda de esta historia, muchos la vieron y algunos quedaron tétricos al verla. El tormento se termina cuando ella roba un niño para entregárselo al demonio, ley de equivalencia un cuerpo por otro cuerpo. Cuiden sus hijos que los brujos existen y esperan víctimas inocentes, más en el mes de octubre donde las desapariciones de niños son mayores.

Mi cuñada Zulma estaba embarazada, y la bruja Mona estaba asechando mi cantón, bien lo recuerdo en el mes de agosto donde las tormentas son más fuertes de lo normal, estábamos viendo en familia una película llamada la Anaconda, afamados de la película y en ese momento estaba lloviendo, la luz se iba a cada rato, Zulma asustada decía que un llanto la atormentaba nadie le hacía caso, ya era tarde y él sol no se veía, la sorpresa era inédita.

De repente fuimos acorralados de serpientes por toda la casa, eran corales venenosas, en el afán de matarlas una por una, asta en el techo colgaban, eran trece por todas, hicimos un volcán de serpientes muertas, no le asíamos caso a mi cuñada, por están entretenido con la invasión de serpientes.

Pancho grito y exclamó que una mujer estaba detrás de la casa llorando, salimos todos, detrás de la casa vimos un pequeño animal era negro con una enorme sonrisa, no parecía una mona, era más bien un osos pequeño y deforme, salimos de tras de él, dicho monstruo desapareció entre los árboles, la luz se fue y nos quedamos toda la noche a obscuras.

UNA CRUEL DECISIÓN.

"Cada mañana tienes dos opciones: seguir quejándote de la vida o hacer algo para cambiarla"

Un solo pensamiento.

Cuando nació mi sobrino, Zulma contaba que en la noche en sueños una mujer le pedía en sacrificio al niño, el terror nocturno no la dejaba dormir, y así estuvo hasta que dio lugar al parto.

Los problemas de hogar nunca se detuvieron, mi hermano y ella siempre pelearon, él prefería su alcoholismo que pasar junto con la familia, un día mis hermanos salieron a tomar, pancho y Evelio como los dos se parecían, ya que ambos eran calvos, pero pancho se diferenciaba por portar siempre una gorra, ese día se les unió una amiga de Evelio.

La tarde caía, mis hermanos venían en un taxi, Evelio le quito la gorra a pancho y se la puso en eso la amiga se sentó en sus piernas he ahí la confusión, Zulma los vio y el espíritu de celos se apodero de ella, corrió y sin pensarlo cerro las puertas y la decisión fatal tomo, ella se ahorcó.

 La puerta la abrieron de golpe, toda la familia quedo tétrica a ver el cuerpo suspendida en el aire, Evelio corrió a soltarla y un respiro surgió dentro de ella, aún estaba con vida, la autoridad nos ayudó a trasladarla al hospital donde ella murió. Lo que causo más terror era que quiso matar al niño primero, le cubrió el cuello con un trapo socándolo mi hermana cuando vio la cama el tiño estaba luchando todavía por la vida, ella corrió y lo desato el niño lloro mas no le paso nada grave, mi sobrino se quedó sin madre a los seis meses de nacido.

Los familiares de ella nos amenazaron de muerte, decían que pancho la avía asesinado, las amenazas de muerte eran grave, a pancho lo buscaban para matarlo, un día lo siguieron como tres personas a punto de machetes desenvainados, llegamos hasta el punto de hacer hoyos bajo la cama por si a media noche una ráfaga de tiros caería entre nosotros.

Nos tocó hacer un ritual del destierro con una amiga bruja Antolina, ella era experta en alejar los enemigos que causaban tanto daño, en el ritual estuvimos toda la familia, solo así pudimos estar bien.

Cabe aclarar que en la familia de Zulma se van ahorcando siete de sus miembros, esa familia tiene problemas de moral, igual que mi hermano Pancho.

Pancho callo en la depresión y en los vicios, años después se metió con estructuras criminales, hasta que salió huyendo del país, se fue a vivir a Guatemala, ahí siguió su vida llena de tragedias, años más tarde lo de portaron, las drogas lo habían consumido.

Un día me hablo y me dijo que se iba a matar, yo le respondí que era su vida y solo él es el único responsable de sus hechos, en la mañana me dieron la noticia que él se había ahorcado, ya tengo dos hermanos esperándome en el abismo.

ESPÍRITUS.

"Los espíritus existen, algunos están en el cielo otros en el infierno y algunos entre nosotros, existe una dimensión donde ellos se mueven esta es la cuarta dimensión el muro que divide este mundo y de los otros es fácil pasarlo"

Parapsicología.

De los que hablare son los que habitan entre nosotros aquellos que se han estancado en la transacción del mundo de los vivos hacia el lugar que el creador tiene destinado, ¿quién no ha presenciado un fenómeno paranormal en su vida? Esa sensación de sentirse observado y voltear y no ver nada, ese cambio radical de temperatura del ambiente cuando pasamos en determinado lugar, cuando nos invade el temor sin causa alguna, todos los fenómenos inexplicables de causa sobrenatural, meditemos en una pregunta ¿Por qué? Antes de responder esta incógnita les contare algunas experiencias que darán por si sola la respuesta.

Era del helado invierno del año 2010, un agosto había caído una tormenta y en mi cantón estábamos de feria, venía de eso de las doce de la noche y un callejón antes de entrar al terreno donde vivía una sombra se paró delante de mí, era negra como la noche mista y solo recuerdo que el destallo de un relámpago desapareció y un quejido se escuchó ¡ayúdame! No pude dormir pensando en el espíritu que solicito mi ayuda, al siguiente día. Investigue y no logre saber absolutamente nada, hice mi búsqueda en el lugar con péndulo y a respuesta era nula, paso el tiempo y en navidad mi padre me conto que en ese callejón el recuerda que habían matado a un hombre a puro machetazos y que la el arma homicida la habían tirado en un montarral cerca de ahí, le pregunte en qué fecha lo habían matado y él me dijo que era un agosto, sabiendo esto había tenido el primer indicio del rompecabezas espectral, en enero siguiente año los vecinos comenzaron a construir un muro y en sus excavaciones encontraron un pedazo de machete oxidado, en mis adentros sabía que era el arma homicida, la agarre he hice una oración para las ánimas del purgatorio rogando al creador liberara el alma de aquel desgraciado espíritu en pena, poco tiempo después soñé que una persona desconocida me daba sus agradecimientos de haber liberado su alma de aquel tormento.

En mis años de apogeo y prosperidad mágica vinieron a buscarme unos señores que aseguraban que le alma de la difunta madre los visitaba en la noche en forma de murciélago, este murciélago caía en una esquina de la casa cerca de la cocina, este hecho siempre ocurría los sábados en la noche al cantar el gallo el murciélago se paraba y salía volando sim rumbo, yo mismo presencie ese hecho, y cuentan que la señora era una bruja reconocida del lugar, al día siguiente que rea domingo propuse escavar la esquina de la casa, cual fue la sorpresa al encontrar un libro de San Cipriano, libro enterrado y con sus páginas ya borradas, previo lo quemamos y desde ese entonces el fenómeno no volvió a ocurrir.

Un amigo vino a buscarme hace poco, su experiencia era que su esposa fallecida lo visitaba y señalaba un ropero, el en su búsqueda no encontró nada en el ropero, salimos en poder encontrar una explicación y en realidad no era el ropero que señalaba sino la pared de tras del ropero, ella escondía un cumbo de metal llena de monedas y por este dinero que era poco no podía descansar, y esto basto para que el ser no volviese a presentarse.

La razón por qué los espíritus aparecen es por una causa que los tiene ligados a este mundo y no pueden descansar, dichoso aquel ser humano que ayuda a estas almas en pena, y estas testiguaran ante el creador el día del juicio final.

Pero cuidado que no todos los espíritus son buenos y necesariamente necesitan nuestra ayuda, existen demonios que se disfrazan de almas en pena y peor aún en seres queridos que han fallecido, y estos demonios no descansan hasta sugestionar al vivo en que cometan una barbarie con su vida. El suicidio es el placer de estos demonios, ellos juegan con el amor y corazón del vivo disfrazándose del ser querido fallecido, diciendo que es mejor estar muerto y que se sienten solo y su compañía seria grata, ningún espíritu querido desearía un mal para su familia.

Existen espíritus guía que nos advierten de un peligro con señales y presentimientos, no menosprecien estos augurios que por obra divina nos advierten de ciertos peligros que nos asedian día a día.

No podemos negar estos hechos, ni mucho menos despreciarlos, que solo mediante la vida conoceremos la muerte, y mediante ellos la virtud que esta encierra.

EL CREADOR.

"El primer trago del vaso de las ciencias naturales te hará ateo, pero en el fondo del vaso Dios te está esperando"

Werner Heisenberg, padre de la física cuántica.

Llámese Dios al único ser soberano, aunque en algunas culturas y religiones tiene nombres diferentes, Hala, Jehová, Jesús que es Dios encarnado, en fin, dependiendo de las creencias como conocen el único, los ocultistas lo llaman el Todo, y en particularmente yo lo llamo El Creador, nada está fuera de él, no existe ningún átomo en el universo que no se sienta su presencia, la ciencia niega su existencia, para ello la vida solo es una mera coincidencia gobernada sobre la ley del caos, en su patética teoría del Big Bang en la que describe que todo surgió a base de una explosión y este condujo a hechos de destrucción y creación haciendo que el universo se expanda y hasta en nuestros días se está expandiendo y así seguirá sobre toda la eternidad, es apetecible esta idea y tan convencible que grandes hombres de ciencias caen en ella, más la ciencia no habla quien provoco la gran explosión, y permítame decirlo que no habla ciencia alguna en inventar una bomba tan poderosa como la que surgió en el Big Bang, esa energía es una milésima porción del poder del Creador, único responsable de magnifica explosión.

El libro divino llamado biblia está compuesta por enseñanzas y pensamientos del Creador, estas enseñanzas también místicas, aunque ciertas religiones las niegan solo serán reveladas para las personas que están despiertas en conciencia, la misma humanidad se ha encargado de crear hasta sus propias biblias y convirtiendo la palabra divina en un lavado de cerebro masivo, existen religiones tan descaradas que se enriquecen lucrándose de la fe de los demás agregando ser la bendición del mismísimo Dios, cuando las escrituras afirman: que no se pueden adorar a dos amos a la misma bes, lo de cesar es de cesar y lo de Dios. Pero no me alargare argumentando y alargando más este tema con pensamientos religiosos cada quien tendrá una idea a lo que me refiero, tratare de responder mi punto de vista y mi creencia en el principio del Creador, no espero hacerle cambiar mentalmente al que leyere, sino que es bueno tener criterio en un asunto tan serio.

Volvamos al principio, ¿Quién era el Creador antes de crear? Bueno, aunque la biblia lo describe que es y será argumentado que un principio y un final en una misma línea de tiempo, esto solo es posible en la cuarta dimensión, ahí no existe tiempo ni lugar, pero volvamos al principio. ¿Por qué nos creó? Una pregunta que pase mucho tiempo meditando, y llegue a la conclusión: piense en un segundo sobre el sentimiento de soledad, muchas personas se deprimen cuando se sienten solas más aun peor que caen el suicidio, es algo normal sentirse solo en una parte de la vida y más aún estar triste y llorar, es el peor sufrimiento que se siente estando vivo, bueno ese mismo sentimiento es la razón de la creación.

¿pero porque un Dios tan despiadado? La historia describe que en los antiguos tiempos el mismísimo Creador no toleraba tanto la maldad, el primer caso la destrucción de las razas antiguas como los atlantes, los feroces monstruos que eran los dinosaurios que mando una piedra del espacio para destruirlos, y más peor aún el diluvio universal, aun el pueblo de Israel sufrió sus severos castigos cuando salieron de Egipto, con terremotos que la tierra se tragaba hasta la mitad de su gente, y muchas más atrocidades., ¿pero por qué? Bueno la respuesta está bien clara cuando él dijo: hágase la luz y la luz fue hecha y vio Dios que la luz era buena, más nunca dijo que se hiciera la oscuridad, dando a demostrar que el viene de la mismísima oscuridad y ese sentimiento nunca se apartara de él, más aun, que el bien y el mal están entrelazados uno del otro. No podemos luchar contra el Todo Poderoso, hágase la voluntad del Creador sobre todo lo creado.

LA RAZON DE LA CREACION.

"La materia es mutable he imperecedera"

La creación es todo lo que existe, existió y existirá, nada está fuera de esta, pero existe una gran incógnita y nos basaremos en un libro que ha perdurado a pesar ser víctima de modificaciones para un control más severo y este es la Santa Biblia dependientemente sea de cualquier religión, esta incógnita es si era necesario la creación de los seres humanos, y antes que Dios nos creara ya existían seres que no están relatados en el libro santo, no existe como surgieron los ángeles, ante toda cuestión y especulación cabe aclarar que los ángeles, querubines, arcángeles y serafines fueron creados con la conciencia despierta, tenían desde el inicio el libre albedrío, en ellos está la disponibilidad de elegir qué rumbo tomar.

Cuando el Creador se dio cuenta de la capacidad y poder que genera el derecho de elegir ya era demasiado tarde, y un conflicto surgió en los cielos y el adversario comenzó a tomar ventajas y logro convencer la cuarta parte de estos para sus propios fines, he ahí la razón del porque se creó el ser humano, un nuevo plan divino surgió este consistió en crear un ser de poca importancia y de mucho valor dándole de su propio soplo de vida y de su propio ser el alma que le pertenece solamente al Creador y no duden que él sabía perfectamente la debilidad mental humana, sabiendo muy bien que la desobediencia de nosotros los hombres surgiendo la escuela de la sabiduría hacia la perfección, somos tan perfectamente diseñados desde el principio dando así el ciclo de que el cuerpo muere y alma sobrevive, más adelante explicare la evolución del alma.

Nosotros los seres humanos tenemos la capacidad de elegir el bien o el mal un paso clave para el verdadero fin de nuestra existencia, somos ejemplos para los seres más poderoso que son los seres de luz, ángeles, arcángeles, etc. En este mundo es la gran escuela donde nacemos, morimos, y volvemos a re-encarnecer para llegar a la perfección, Jesús lo dijo que seremos como los ángeles a la par de Dios, he ahí la clave de nuestra verdadera existencia, la religión nunca lo admitirá porque sobre sale de su propio dominio, razonen los seres de luz fueron desde el principio creados así, mientras nosotros vamos en una evolución espiritual para llegar a ser espíritus de luz, gran enseñanza para los primeros. Por decirlo así: Dios tenía todo preparado desde el comienzo.

Depende de nosotros seguir el bien o el mal, el Creador es tan hermoso y sabio que nos da muchas oportunidades para llegar a la perfección por eso reencarnamos y si fuimos malos la ley del Karma nos pasa factura y si fuimos buenos la ley de la compensación nos gratifica, la diferencia de ambas es que el Karma es un proceso largo y doloroso por eso los malos duran más, mientras que la compensación es corta por eso los buenos duran menos y esto debe ser así para que el alma purificada no se corrompa estando mucho tiempo en este mundo. Y estas oportunidades no solo se nos dieron a nosotros, sino que también a los caídos.

Cuando los ángeles descendieron a la tierra por sus errores, algunos se arrepintieron y volvieron a implorar el perdón divino, más el Creador les dio un nuevo empleo por decirlo así, y creo un sinfín de jerarquías, espíritus de gracia y agrados, espíritus del amor, espíritus de la tentación, etc., y estos con el fin de poner a prueba a los humanos y solo hasta el juicio final volverán al seno del Creador. Un claro ejemplo es la historia de Jesús él sabía perfectamente quien de sus discípulos lo iba atraicionar y podría haberse prevenido pero el plan era ese una traición para que los acontecimientos surgieran dado el resultado lo que se esperaba. Grandes misterios contienen los arcanos de la creación y difícil de explicar solo con la conciencia despierta se pueden descubrir, más el que este dormido solo seguirá el mismo camino que las grandes masas están estancadas.

¿QUE SUCEDE AL MORIR?

"Todos somos uno, solo nos separan los egos, las creencias y los miedos"

Nicola Tesla.

Mi hermano Evelio siempre me decía que a la muerte no hay que tenerle miedo sino en la forma de morir, mi padre tiene una frase que me pone a meditar consiste que la muerte solo es temida por un alma perversa. La muerte encierra grandes misterios, según nuestra educación uno nace, crese se reproduce y en un punto de la vida muere, y el cuerpo se convierte en nutrientes del suelo, para un ser sin principios filosóficos es un hecho, pero para el espíritu que busca un conocimiento que satisface sus dudas, aquí expondré mis conocimientos en el tema, ser escéptico es fácil para aquel que no ha tenido una experiencia espiritual, en mi caso mi vida está llena de impresiones espirituales.

El espíritu sobrevive de la muerte física, pero este agarra los rasgos fisiológicos que el cuerpo en vida lo moldeo, por tal motivo los fantasmas por decirlo así se muestran cómo eran en vida aquellas personas cuya alma es capaz de comprender, sucede un hecho interesante en el desprendimiento del alma del cuerpo, este fenómeno es clave para la reencarnación, quien muere en paz u muerte repentina su alma se desprende sin dificulta y acelerando por decirlo así el proceso de su futura reencarnación si las hubiera, todos reencarnamos seamos buenos o malos, hasta llegar a la perfección o destrucción.

La ley de la reencarnación está sujeta al karma, pero ¿qué es karma? Karma es el pago a nuestras acciones en la vida ya sea pasada o presente que afecta la vida futura, alguna vez se han preguntado él porque algunos nacen con cierta enfermedad y discapacidad, la respuesta está en el karma, las sabias escrituras de la biblia no se equivocan en decir que antes de ser engendrado en el mundo Dios analiza tu alma. Si en este momento eres millonario, avaro, y no eres bondadoso ni mucho menos ayudar al prójimo no cabe duda que al volver a nacer vivirás una vida llena de miserias y en peor de los casos serás un indigente donde tu casa de lujo de tu vida pasada se convertirá en la calle y los basureros, si en tu vida pasada fuiste un acecino, cruel, y de alma perversa no cabe duda que tu reencarnación será postrado en una cama o silla de ruedas, y así sucesivamente en un sinfín de posibilidades, Fiat Lux expresa: *"es preciso saber que no porque un hombre bribón e ignorante en la vida, ha muerto, se convierta al otro lado en virtuoso y sabio, queda con los mismos defectos, lo que solo en la escuela tierra puede corregir"*. Medita en tu vida y corrige lo que estás haciendo equivocado se bueno con el prójimo para no sufrir el cruel pago del karma.

Volviendo al tema del desprendimiento del alma, cuando le es difícil desprenderse el alma del cuerpo ya sea por una terrible agonía como las torturas o enfermedades lentas más cuando es un mal provocado por enemigos el alma sufre un trauma que le impide reencarnar quedándose en el mundo como un alma en pena, su única salvación es que un vivo acuda ayudarlo ya sea por plegarias oraciones o bendecir el lugar donde murió por ello estas almas buscan personas cuyos sentimientos son nobles, no temas a un susto, ayuda a esa alma que ella testiguara ante el Creador en el juicio final, otra forma que el alma no logre su ascensión es cuando dejan una deuda en vida, esta puede ser una promesa, un material valioso como el oro o dinero, o simplemente decidió quedarse a la par de sus seres queridos.

Cabe aclarar que antes de reencarnase los espíritus superiores nos muestran la cruel vida que ha de tocar y es tu decisión aceptarla, para cumplir el ciclo del espíritu, este ciclo consiste en al morir pasamos a un lugar llamado la cuarta dimensión mientras se toma una decisión esta dependerá de la forma siguiente: si fuisteis una persona buena tu alma trascenderá a purgar tus pecados antes de entrar al cielo, este lugar algunos lo conocen como el hades, el purgatorio o el destinatario, donde tu alma es deshecha para que los rasgos fisiológicos obtenidos en vida desaparezcan convirtiéndote en un ser de luz y este proceso duele para luego trascender al cielo, pero si todavía falta que perfeccionarte o el Creador teda la oportunidad a pesar de tu alma perversa pasa a reencarnar, si tu no aceptad simple o sencillamente transciendes a las profundidades del abismo llamado infierno, si lograste reencarnar y nada cambias no dudes que al morir descenderás al abismo. El cielo no está hecho para cobardes ni mucho menos el infierno no está hecho para sabios.

Por qué naturalmente no recordamos nuestras vidas pasadas es simple los recuerdos se almacenan en la conciencia y este en la mente y desaparecen cuando el cuerpo muere dejando solo el subconsciente, para poder recordar las vidas pasadas es necesario hacer ejercicios de retrospección para penetrar el inconsciente, otro método seria en astral estando en la cuarta dimensión evocando nuestras vidas pasadas, cabe aclarar que en la cuarta dimensión no existe lugar, tiempo ni espacio, que esto solo existe en la materia, por eso podemos visitar el pasado y ver el futuro.

QUE ES EL ABISMO.

"Abandone toda esperanza todo aquel que entre aquí"

Dante, La divina comedia.

El abismo es el infierno de los cristianos, el terror del espíritu injusto, vagamente tenemos un concepto de él, la religión protestante lo considera una cárcel de sufrimiento, el catolicismo lo describe por partes, un lugar de tormento donde van hasta los niños que mueren sin el bautismo, dante lo describe con nueve círculos de distintas categorías según el pecado que se practique en la vida, los ateos lo describen el mismísimo sufrimiento aquí en la tierra abecés lo confunden con el Karma, la Santa Biblia no habla de su creación pero desde el principio existía, el abismo es la mismísima obscuridad llena de sufrimientos donde emergió Dios, he ahí la explicación del porque es un lugar de tormento, lugar del cual el Creador se alejó de él, por eso se dice que el alma que sufre ahí Dios no la escucha está alejado del perdón Divino.

La caída de los ángeles, ellos encontraron un lugar ahí donde gobernar, cabe aclarar que no es un lugar lleno de fuego ni que seres demoniacos atormentan el espíritu, la razón del dolor y sufrimiento es lógica, nuestra alma es parte del Creador, y cuando esta llega al abismo todo lo que sufrió el Creador antes de la creación emerge en el espíritu dando lugar a un dolor insoportable, soledad y miedo, para tener un boleto para llegar al abismo es necesario cumplir el ciclo de la evolución espiritual cuando ya no tiene salvación este es ubicado a un rincón del abismo, se dice: *quien se quita la vida el infierno se abre ante esa alma, claramente existe el perdón del asesino y el acecinado, pero no aquel que cometa ambos al mismo tiempo y este es el suicidio, cometer ese vil crimen es aberración en contra la creación, la vida es valorada porque de ella depende nuestra evolución.*

Cuando surgió el diluvio provocado por el Creador, el mundo lleno de humanos murió y miles de perversas almas quedaron ambulante sobre la cuarta dimensión, estas fueron reubicadas en el abismo, el mismísimo Jesús bajo y hablo a esas alma, algunas de ella se arrepintieron y salieron de ahí, esas almas que en tiempos de Noé eran perversas y malvadas: *antes del fin de los tiempos, antes del diluvio universal hubo una gran hambruna y peste que cubrió al mundo, los padres intercambiaban a sus hijos por carne sin darse cuenta que eran a sus propios hijos que se comían y la maldad llego hasta el cielo, Dios no pudo más y abrió las llaves de los cielos mandando las almas al abismo.*

La religión se encarga de inculcar el miedo asegurando que al morir irán a parar al infierno y mas aunque después del juicio final las lamas perversas pasaran la eternidad en el sufrimiento del infierno, la verdad es que el Creador no piensa de esa manera perversa ni mucho menos desea que parte de él que es el espíritu y alma no llegue a ese lugar, más bien en ese entonces serán mejor lanzados al lago de fuego donde el alma inmortal dejara de existir para siempre dando lugar a la muerte espiritual.

NO MATARAS.

"Existe un placer más grande que el sexo se llama asesinato, el sexo complace el cuerpo y la muerte el alma"

Contreras.

Recuerdo cuando tenía la edad de 14 años nació en mí el deseo de matar, en ese entonces estaba bien instruido en el Satanismo y Luciferismo, mi doctrina era en adorar ciegamente el mal y aborrecer todo acto piadoso y tratar de crear blasfemias, la idea de matar no solo era un deseo del alma sino un paso para subir de nivel, quería ser como Chart Mason, como Jack el destripador, etc., veía con afán toda clase de películas y series de terror y suspenso la adrenalina que sentía era única, pero dentro de mi algo me advertía que el camino a elegir estaba un paso a la locura por la razón que los asesinos siempre son perseguidos y capturados, no deseaba pasar el resto de mis días encerrado en una prisión por tal motivo desistí de mis deseos carnales.

Con los años creció en mi país lo que hoy en día se llaman estructuras criminales, pandillas y maras que causaban terror y miedo considerados por el estado terroristas, entrar en dichas estructuras en ese entonces era pan comido, solo bastaba hacer favores y pedir crecer y un requisito para permanecer en ellos era matar, nunca quise permanecer en un estructura de esa magnitud por considerarme único líder de mis acciones, cabe aclarar que nunca sacie el deseo de matar, pero hoy en día ya maduro de mis actos considero que matar es un hecho repudiable y el karma que encierra después del hecho es terrible. No solo crecieron las pandillas, sino que también grupos de exterminios y a lo largo la misma autoridad mataba a placer, aunque solo mataban a otros asesinos, considero que en si el pecado se llama Matar, no a quien se mata.

Ya a mi edad de treinta años conociendo las leyes del karma y el mundo espiritual tengo la profunda creencia que todo vida es valiosa en cuestión de humanos, y ninguno está autorizado por la ley divina matar a su favor, en este punto entran los doctores que ejercen su oficio en poner la inyección letal a criminales sentenciados a la muerte, su trabajo en si es matar a los asesinos pero mediten que duro karma sufrirán, lamentablemente algunos médicos no creen en el Creador y justifican sus hechos a la ardua labor de la ciencia.

Les contare un hecho que no debe pasar por desapercibido, en el año 2019 descubrí una página web, se llamaba Besch Gore, pagina que cuyo contenido eran videos cortos de asesinatos y suicidios, encontrar dicha página era como sacarme la lotería así como los jóvenes buscan las páginas de pornografía para saciar sus deseos carnales así sentía cuando veía los videos de asesinatos, el placer y la excitación de mi alma, mi mente se estaba corrompiendo cada día más, hasta el punto de sentir placer cuando me provocaba una herida y saliera sangre de alguna parte de mi cuerpo, "Basta" ese era una señal que todo iba mal y por acto de voluntad deje de ver dicha página, pero como todo tiene un principio y un final dicha página fue borrada y su creador preso por las autoridades.

No mataras y está escrito en una de los mandamientos bíblicos solo el Creador es digno de quitar una vida que el mismo la da, cuando te sientas el deseo de matar y causar mal no te preocupes no estás loco, simplemente son estados mentales que se necesiten equilibrarse siempre y cuando no se llegue a este hecho macabro, siempre en la vida existirán asesinos ya sea legales e ilegales, el mundo está corrompido, en la guerras cuantos se matan entre sí, aun la religión no se escapa que es la culpable de la inquisición donde muchas personas fueron asesinadas por considerarlas brujas, quitar una vida es un acto cruel valiente aquel que la perdona aun sabiendo el daño que le ha ocasionado, este acto el Creador lo tomara muy a cuenta y estará escrito en libro de la eternidad.

PERVERSIDAD HUMANA.

"si matas una cucaracha eres un héroe, si matas una mariposa eres un malo, la moral tiene criterios estéticos"

Friedrich Nietzsche.

Eduardo Galeno describe: el instinto es virtud humana y este sale en busca de alimento con un cuchillo en la mano. Cuando se mata un ser vivo por motivos de alimentación es mal visto por los váganos, sin darse cuenta que ellos hacen lo mismo cuando cortar un fruto un vegetal, la naturaleza tiene vida también, cuando ves un alacrán, un insecto que te puede causar daño tú vas y lo matas, ese acto es instinto bestial, yo me crie en un ambiente que, si ves una culebra buscas un machete y la matas. El mundo forma leyes a su favor, un ejemplo claro es en el país donde vivo, existen leyes para la protección de animales como los perros y gatos, mas no en la protección del ganado o aves de alimentos, al final los animales son animales y entre todos destaca uno el ser humano, por esto y muchas causas más nunca se logrará el equilibrio y el amor fraternal, aunque se creen tantas religiones quieran, para mi ver tratar a los demás como quisieras que te trataran seria la regla de oro.

En una entrevista le preguntaron aun motivador llamado kenyi, si Goku era Satánico, en su sabiduría respondió sobre las violaciones de niños y niñas, en su criterio Goku nunca salió del televisor y abuso sexual mente de un menor.

La mente baja de intelecto, acostumbra a satanizar lo que no entiende, buscando el Diablo donde no está, nosotros los seres humanos somas más perversos que los mismos Demonios, cuando los Caídos por decirlo así, desean tentar contra una persona ellos esperan autoridad divina o espiritual, en cambio nosotros los seres humanos es una decisión personal, si nosotros buscáramos permiso divino para quitar una vida humano no existirán los homicidios, no existe permiso divino para quitar una vida.

Cuando me refiero a la aprobación demoniaca, me refiero a tentación y pruebas espiritual, hay de aquel que invoque un ente demoniaco y este lo posea, porque quien invita un huésped a su casa corre el peligro de acomodarse en su zona.

La perversidad no solo es desearle maldad al prójimo, sino que también es el acto de negación hacia la prosperidad individual, en esta hermandad humana no debería de existir los celos, rencores, odio, envidia, y todo lo que perjudica el alma y la corrompe al grado de no poder ser feliz.

Tantos hogares destruidos, tantos menores violados, tantos asesinos, tan grande es la perversidad humana pero más grande el amor del creador que aun espero lo bueno de lo malo.

Porque nos cuesta ayudar al prójimo, darle al necesitado, un tiempo de comida al hambriento, medicina al enfermo, y la ignorancia es tan grande que algunas personas se preguntan ¿dónde está Dios? El Creador está en todas partes, el no bajara del cielo para decirnos que es lo hay que hacer, el cielo no es regalado como lo expresan algunas religiones, el cielo es ganado. Cumple con tu deber en este mundo la eternidad es para justos.

PACTOS.

"Cortaras con el cuchillo de mango negro la gallina negra en dos dentro del circulo trazado con la vara de avellano, luego dirigirás tu mirada al norte donde sete aparecerá el Espíritu Infernal"

El Gran Grimorio.

Un pacto es un contrato de un ente espiritual con uno mismo, sea cual orden y forma que se obtuvo el pacto se debe de cumplir por consiguiente quien lo rompa es el que pierde, no se debe de confundir que un pacto es diferente que un trato, ambos son vistos por igual hoy en día por eso es menester y necesario aclararlos, en mi juventud yo mismo quise pactar con Satanás he hice el ritual de aceptación satánica dejando una carta en un lugar que solo yo supiera, dicha carta nunca más la volví a ver cabe aclarar que nunca vendí mi alma, vender el alma es parte del contrato de un pacto. Un día almorzando junto a un amigo de edad mayor conocido como el mago Jacobo ya que en su juventud perteneció al grupo de ocultista donde estaba mi padre en aquel entonces, ansioso por saberlo todo le pregunte cómo hacer para venderle el alma al demonio, lo que me dijo riéndose fue que el Diablo estaba muy ocupado haciendo cuevas en el infierno para meter tanta alma desalmada que existente hoy en día, la maldad ha crecido demasiado fueron sus últimas palabras en aquella conversación.

Las cosas terrenales que ofrece el Demonio son apetecibles, ¿quién no deseara tener una vida cómoda llena de lujos, viajar sin preocuparse de gastos ni deudas? Satanás ofrece todos los bienes terrenales hasta el mismo Jesús tentó con darle todo, pero ¿Por qué? Ese apetecible trato.

En primer lugar no tiene lógica pactar solo para que el Demonio nos conduzca al Infierno para toda la eternidad mientras venga el juicio final, ni mucho menos para convertirnos en guerreros e ir a una lucha espiritual, la verdadera razón de los pactos es el premio de ganar un alma, el alma es una parte del mismísimo creador indestructible, la energía que en ella existe es eterna más poderosa que todas las bombas nucleares que existen y existirán en el mundo, al tener en sus manos Satanás un alma este la absorbe convirtiéndose más poderoso, y no solo Satanás opta con estos tratos sino que también toda una jerarquía demoniaca, cabe aclarar que hablo del alma y no del espíritu, este queda a merced y disposición a los demonios, somos un compuesto de alma cuerpo y espíritu, es nuestro componente, cuando una persona muere el espíritu entra en la cuarta dimensión y el alma(soplo de vida, energía cósmica) regresa al creador. Cuidad de no cometer el error de vender el alma ese acto imperdonable donde el arrepentimiento no existe.

¿QUE ES EL ALMA?

"El conocimiento preciso acerca del alma es una de las cosas más difíciles del mundo"

Aristóteles.

El alma del ser humano codiciado por los espíritus es la vida misma y esencia del Creador, para entender bien este concepto es necesario saber los distintos planos de existencias, estos son el plano fisco donde se conduce la vida en este mundo, donde tocamos palmados los objetos y es el lugar de nuestra materia, el plano espiritual donde se transciende la cuarta dimensión, y el plano mental donde surgen las ideas, los pensamientos que son nuestra vos interior, emanando egos, yoes, etc.

Sabemos que nuestro ser está compuesto de tres seres, alma, cuerpo y espíritu, el cuerpo es la materia densa de nuestro vehículo y al mismo tiempo es el microcosmo, dentro de nosotros existen vidas en su respectivo plano, la ciencia lo denomina células y organismos, luego nuestro espíritu es el ser de conciencia mística, el que sobrevive después de la muerte, en el transciende el inconsciente, ya que la conciencia y memoria solo queda plasmado en la mente del cuerpo físico y solo por retrospección se podrá recordar vidas pasadas, estas a su vez queda en los registros arcaicos, pero el alma es la esencia divina del Creador, de ella depende la unión del cuerpo físico y el cuerpo espiritual. Cuando mueres el alma regresa al creador por ese motivo no puedes volver tu espíritu al cuerpo muerto, aunque lo intestes muchas veces, solo si el Creador lo permite volver el alma se podrá la unión de nuevo.

Cuando vendes el Alma pierdes la capacidad de reencarnar de nuevo, y la evolución del espíritu se pierde quedando la vaga existencia, esa energía del Alma es infinita.

Supongamos que quieres unir el agua con el aceite, es imposible verdad, siempre por más que lo batas y muevas el aceite busca para arriba, pero si le mezclas a este proceso un componente químico llamado Neptuno, el agua y el aceite se mezclaran tan finamente formando una sustancia única llamada Solución, que es utilizada en la elaboración de muchos productos naturales. En este ejemplo el agua es el cuerpo, el aceite es el espíritu y el Neptuno el alma y el resultado llamado solución seriamos nosotros la perfecta Creación.

Ahora ya se entiende lo que es el Alma, cuídala y no la desprecias porque de ella depende nuestras futuras reencarnaciones en busca de la evolución Espiritual.

DESTINO.

"El éxito se consigue nunca rindiéndose"

Un Mandamiento.

Muchos creen en el destino, en el plan divino, en la obra maestra, muchos esperan un acontecimiento para que les cambie la vida, un golpe de suerte.

La suerte no existe, es uno de mis principales mandamientos no quiero decir que por causa mágica por medio de secretos se pueden abrir caminos hacia un objetivo, lo que me refiero es a la suerte misma, creo firmemente en la conspiración del universo él porque es simple, todo absolutamente todo lo creado está sujeto a leyes sean físicas o sobrenaturales y a base de estas leyes surge la vida misma y sus consecuencias. Un amigo millo me decía por qué hay pobres y ricos en el mundo, bueno la respuesta es simple: es la voluntad del Creador. Pero necio me preguntaba cómo era posible las desigualdades de calidad de vida, yo le respondía que algunos purgamos un karma que hay que cumplir, ser agradecido es de mucha ayuda por eso Dios creo un mundo redondo donde nada en la vida sea parejo, pero el necio es así por naturaleza, conozco a muchos que desean ganarse la lotería pero son tan tacaños que les da pesar comprar un billete del juego, conozco otros que se quejan del que prospera, mientras ellos están acostados, relajas sin ganas de hacer nada solo lamentándose de la vida misma y sus injusticias, mientras que los que tienen una vida cómoda lucharon para llegar a ella llena de trabajos y sacrificios, algunos para superarse tuvieron que dejar a sus familias he irse para otro país a trabajar, el mundo es para fuertes y no para cobardes.

La prosperidad depende en primer lugar en un pensamiento convertido en idea y llevarlo a los hechos, una buena fórmula para el éxito, todos tenemos un don solo es cuestión de descubrirlo y explotarlo al máximo, nuestras capacidades son infinitas, que nunca se olvide que somos hechos a semejanza del Creador.

Quejarse no ayuda de nada, señalar a otros peor, en estos tiempos con solo influir en un grupo de determinadas personas y ganar terreno en un hábito entretenimiento puedes hacerte una persona millonaria, la tecnología ha avanzado y a nuestro favor hay de aquel que no pueda apreciar de las herramientas a nuestro alcance.

Cree en ti, no dudes de ti, invierte en ti, dedíquese tiempo en desarrollar un don lleno de capacidades únicas, es necesario conocerse uno mismo bien sin mentirse, preguntándose en que soy bueno y en que soy malo, cambia la forma de pensar y veras que también se cambiara nuestra forma de actuar, no le eches la culpa al cielo por tus actos y errores, muchos esperan que el mismísimo Dios baje y los guie cuando en realidad nuestro futuro depende únicamente de nosotros, y pero cuidado de no abusar, recuerda las palabras del sabio Salomón: *Señor mantenme con el pan de cada día, no me des mucho porque me puedo olvidar de ti, ni poco porque puedo remedar contra ti.* Olvidarse de dónde venimos es el peor error de nuestro ser, adonde quedaría nuestra enseñanza en esta tierra y el cruel Karma que nos espera por nuestros actos en la vida del presente.

AMOR.

"Unimicon (ámense los unos y los otros)"

Jesús El Cristo.

El amor es uno de los sentimientos más placentero y peligroso que existe, sentir atracción sobre una determinada persona luego enamorarse y ser feliz, el único defecto del amor es que tiene un muro tan estrecho y fácil de traspasar, no es de gusto la frase: *del amor hacia el odio es solo un paso,* resulta que más del 99.99% de las personas en su corta vida a tenido un amor hacia varios individuos en su transcurso del tiempo, me pongo a meditar el porqué de este fenómeno y cómo es posible que se ame hoy y se odie mañana, mi padre siempre me aconsejo que no se debe confundir el sexo con el amor, el pensar popular de los jóvenes expone que hacer el amor es hacer el coito, pero en si hacer el amor está más allá del placer de la carne. Vivimos en una cadena de amor compartido que tú amas a alguien y esa persona ama a otra y tu ni cuenta te das que existe otra persona amándote, curioso pero verdadero.

Amaras a tu prójimo como a ti mismo, es un mandamiento que se debe de cumplir, lamentablemente vivimos en una era que el amor propio se está extinguiendo, todos los días en alguna parte del mundo existen personas que se quitan la vida, existen personas que se alcoholizan y adictas a las drogas ¿acaso esos actos son en contra de la negación de la vida? Y el porque nos dañamos con el exceso de todo, sea bebidas, comidas, etc., recuerdo una vez que le comenté a un primo el motivo de mis investigaciones en busca de la piedra filosofal, ¿para qué? Me cuestiono, le respondí para tener una vida más larga como durar mil años, y el en su mentalidad me dijo que no desearía una vida larga aguantando hambres y sufrimientos, mis pensamientos estaban inclinados hacia la eternidad, un amor propio para desear una vida más larga.

En todo este asunto del amor, existe un fenómeno relacionado con la atracción del mismo género, hombres contra hombres y mujer contra mujer, hoy en día es común ver relaciones del mismo sexo, existen barias explicaciones sobre este asunto, la ciencia lo otorga a las hormonas las causas de esta confusión sentimental, algunas personas espirituales lo asemejan por ejemplo si un hombre siente sentimientos como una mujer es causa que en su vida pasada él había sido una mujer, y viceversa manteniendo los sentimientos en esta encarnación, mi padre me decía que somos nacido de una mujer y algo debemos de traer de nuestra madre pero la verdadera razón es el amor, ¿amor? Claro que sí, sentir amor hacia nuestros individuos sea hombre o mujer no es para nada un error o pecado, lo malo es llegar al coito, llegar al sexo, este acto es hasta maldecido por el Creador.

Cuando tenía 18 años escribí una historia hecha poema que en páginas ya borradas me hablaba del amor y la distancia a continuación expondré dicha historia.

UN POEMA.

"si un poema no te ha destrozado el alma no has experimentado la poesía"

Edgar Allan Poe.

ENTRE DOS ALMAS.

Siempre he sido una persona solitaria y sin
amigos,
no pudiendo encajar en la sociedad,
Tímido y distraído amando la soledad,
El sol salía y en la tarde se ponía, de una
rutina diaria,
Pasando los días de una vida larga.
¡un día todo cambio!
Se sentía en aura, sin pensar en la sorpresa
Que traería la dulce mañana.
Salí a dar un paseo, escuchando el cantar de
los pájaros, pensando,
Al fin se aria realidad mi deseo.
Las brizas del viento acariciaban mi cara,
En ese momento la naturaleza contemplaba,
Sin darme cuenta lo que el destino
preparaba.
¡Suspiro!
De largo la vi, sentada en la banqueta,
Contemplando su admirable belleza
Era venus con los ojos de la inocencia,
Y en ella la naturaleza creo la obra más
perfecta que el mundo hubiese conocido,
Mujer hermosa creación de Dios y si el hizo
una mejor que tu no la ha mandado todavía
al mundo,
Guardándola para el día en que tú dejes de
existir.
Le dije hola con el rozar de mis labios,
Ella me contesto con una hermosa sonrisa,
Dándome cuenta que existe el amor.
¡Soñé despierto!
En mis adentro, sin sacarme de la cabeza
hermosa mujer,

Una visión clara apareció entre la oscuridad
de la noche,
Contemplando el éxtasis del sueño,
Mi ángel guardia me hablo:
La dulce mujer que conociste, fue tu esposa
en vida pasada,
Muerta en la guerra quedando tu alma
destrozada.
Como el fugaz de un trueno el ángel
desapareció,
Dejando una ráfaga de luz iluminante.
Me desperté con el corazón palpitante.
Solo recuerdo la frase que le dije a mi esposa
antes de morir:
Te buscaré en un sinfín de vidas y te
esperare hasta encontrarte y volverte amar.
¡Disolución!
Quedo en mi al ver a mi amada en brazos de
otro hombre,
Un niño yacía entre sus brazos.
Una lagrima adorno mi magia, y en mis
adentro me decía:
Que tarde te busque amada mía,
Te volveré a buscar en la otra vida.
Ella me voltio a ver, nuestras miradas se
enlazaron y en un segundo el tiempo se
detuvo,
Seguí mi camino y ella el suyo. FIN.

SAMAEL VASHER. 2009.

SERES DE OTROS MUNDOS.

*"Y vi como una nube llena de juego descendía
del cielo y dentro de ella salieron seres con*

distintos tipos de rostros, la nueve era rueda sobre rueda con ojos deslumbrantes al su alrededor, cuando se bajaron estos seres andaban hacia delante y las nubes los seguían derecho, tenían llantas como que si estuvieran cubiertas de piedras preciosas"

El Libro de Ezequiel, La Santa Biblia.

¿existen los extraterrestres? Una pregunta que la mayoría de las personas no encuentran respuestas, una vez le pregunte a mi padre si los ovnis existían, él me dijo que la única prueba física de su existencia es este mismísimo mundo, si existe este mundo con vida porque no existiría otro igual.

A lo largo de la historia, muchas anécdotas e historias han envuelto este enigma, en el pasado muchos han tenido este tipo de experiencias de haber visto en el cielo un objeto no identificado, pero porque en este tiempo no seda, la razón es que los extraterrestres son seres avanzados y nuestra civilización es perversa que al ver estos seres en el cielo arrebatamos con los peores armamentos para derribarlos y después hacer experimentos con los seres. La perversidad humana.

En este mismo momento un ser humano está experimentando un hecho insólito una experiencia única ya sea ovni o paranormal, en una etapa de nuestra vida vamos absolutamente todos a experimentar un hecho, aunque sea por un instante. Quienes han experimentado su vida y forma de pensar cambio drásticamente, las experiencias están a la vuelta de la esquina.

Soy de esas personas que contemplan el cielo en el verano cuando todas las estrellas alumbran el firmamento, más en la madrugada cuando el silencio es parte del aura que nos rodea y el helado frio del roció moja nuestro cuerpo, mi mente comienza a crear preguntas sin respuestas y la meditación se vuelve profunda en la búsqueda de lo insólito y desconocido, y al final reconozco que nuestro mundo es un grano de arena de un mar inmenso llamado universo.

Y así como el universo está poblado de seres, así está poblado el microcosmo, el microcosmo es nuestro cuerpo y dentro de él existen células vivas que cumplen su función y un sinfín de organismo que su deber es mantener nuestra existencia de igual manera lo es con el universo, nosotros somos esas células que mantenemos el universo en un equilibrio de la materia existencial.

El libro de Dios que es la biblia, habla de la vida extraterrestre, desde la creación del mundo hasta el apocalipsis, los versículos son muy claros, en el libro de Ezequiel describe una nave alienígena, y el pueblo de Israel los guiaba otra nave y así sucesivamente muchos relatos, el Creador no es un ser egoísta, y nosotros no somos el centro del universo, lamentablemente la religión ha venido a separarnos de la verdadera esencia de la verdad sustancial, creando dogmas y creencia a su propia conveniencia y manipular las grandes masas de individuos que a gritos piden el despertar de la conciencia.

Cierto tiempo y con un amigo visitamos un lugar para observar las estrellas, él había comprado un telescopio y salimos a disfrutarlo esa experiencia fue hace poco el verano pasado, contemplamos las estrellas y el me pregunto ¿Dónde estaría Dios? Sin vacilar le respondí que Dios está en todos lados, Dios está aquí mismo, Dios es el todo. Y ¿los extraterrestres? Me pregunto, y yo le respondí: ellos están más cerca de lo que tú crees.

Con los años llego a mi poder una carta que narra una experiencia vivida en mi comunidad, la carta dice lo siguiente:

"hola mi nombre es NN, hoy sábado 7 de septiembre del 2013, tuve una experiencia única en mi vida, estaba yo tapiscando el maíz para terminar mi parra, estaba la luna en su punto y no estaba solo, estaba acompañado con mi esposa y mi hijo de 14 años y de repente un objeto bajo del cielo, nos quedamos con un temor y salimos dejando el trabajo a medias, seres salieron de ese objeto que parecía un trompo, recogieron una parte de la cosecha y como un parpadeo salieron perdiéndose en el lejano cielo" testimonio de *un aldeano.*

Esta carta me la entrego un amigo mío, que un vecino narro su historia su nombre queda bajo el anonimato, a si lo sugirió el que tuvo la experiencia.

SOCIEDAD SECRETA HOMBRES DE CIENCIAS.

(SOCISECRETHS)

"No hay religión más elevada que la verdad"

Kibalion.

En el año 2010 intente crear esta sociedad, ya que estaba en un punto mágico donde había bastantes personas interesadas en el asunto, pero las sociedades criminales me las impidieron dejando en el abandono el proyecto.

Un conocido me sugirió llamarlo "ciencias ocultas la sociedad" (OCULSOCI), pero opte con llamarlo "socisecreths" pero las ideas se vinieron abajo y solo quedaron los escritos en el olvido hasta hoy que deseo narrarlos en este pequeño y valioso libro.

Objetivo: establecer las enseñanzas místicas, mágicas y esotéricas en todas las ramas de las ciencias ocultas, por medio del estudio de estas mismas con su respectiva teoría y práctica.

Visión: enseñar a la humanidad que somos hermanos todos sin importar raza ni estado civil ni mucho menos religión.

Misión: llegar al despertar de la conciencia y cumplir el verdadero objeto de la creación.

Valores: el respeto hacia los demás, amor fraternal, el cumplimiento de reglas que nos diferencian de las demás sociedades.

Ética: saber la diferencia entre lo que quieres y lo que deseas, saber la diferencia entre el derecho de hacer y lo que es correcto hacer, es la ética de la magia.

Pensamiento: las ciencias es un mar de conocimientos, estudia y pon aprueba lo que estudies, lee no para saber más sino para ignorar menos, tus dudas tienen que ser satisfecha con la curiosidad puesta a prueba en causas y hechos.

Mandamientos:

➢ Dios sabe lo que hace, sino supiera no fuera Dios, negar esta vedad es negarse uno mismo.

➢ Amate a ti mismo y después a los demás, tu cuerpo es templo de la creación.

➢ No engañes ni te dejes engañar. La desconfianza es la madre de la seguridad.

➢ Respeta las opiniones ajenas y haz que te respeten las tuyas.

➢ Lo imposible es posible si existe una forma de hacerlo.

➢ Si haces algo hazlo con voluntad y deseo, no por mera obligación.

➢ Aceptar que cada día aprendemos algo nuevo.

CONOCIMIENTO, PERFECCIÓN Y EVOLUCIÓN.

"Y Dios le dijo al hombre un mandamiento: puedes comer todo lo que quieras delos arboles del jardín (Edén), pero no comerás del árbol de la Ciencia del bien y del mal, el día que comieras de él, ten la seguridad que morirás"

Génesis 16 y 17 de la Santa Biblia.

La trinidad que todo neófito y aspirante a mágico debería seguir, el conocimiento se adquiere por dos maneras y estas van de la mano, la una por medio del estudio y la otra por la experiencia, y se aprende más por la segunda llevando al conocimiento a la práctica, la perfección es la facultad de adquirir el conocimiento y establecerlo en el día y existencia de nuestra vida, y la evolución es el perfeccionamiento de todo lo adquirido en la vida ya manifestado, y esta es una ley fundamental do todo lo creado, ya que todo absolutamente todo encamina hacia la perfección.

El neófito deberá de mantener la mente abierta para adquirir el conocimiento del mundo exterior o de los fenómenos naturales y sobrenaturales, desarrollando los sentidos, en el transcurso de la práctica conocerá las altas vibraciones y manifestaciones que lo místico encierra y es fundamental distinguir lo real y ficticio creado por mentes que solo causan confusión y dudas de las verdaderas existencias, aquí entran los falsos profetas y falsos maestros espirituales.

El neófito desarrollara su inteligencia al máximo, creando la facultad de conocer y diferenciar las diversas manifestaciones entendiendo las verdaderas causas de los hechos, encaminando por medio de esto a la evolución. Creer y saber no es lo mismo, la creencia está fundada por la fe y el saber por la experiencia.

El neófito tiene el deber de desarrollar la intuición, esta es la mente superior, clara, intima, instantánea de la idea, hecho o verdad, llegando por medio de todo lo aprendido a subir el grado de iniciado, y después de todas las experiencias y conocimientos adquiridos por la teoría y práctica se llegará al grado de maestro.

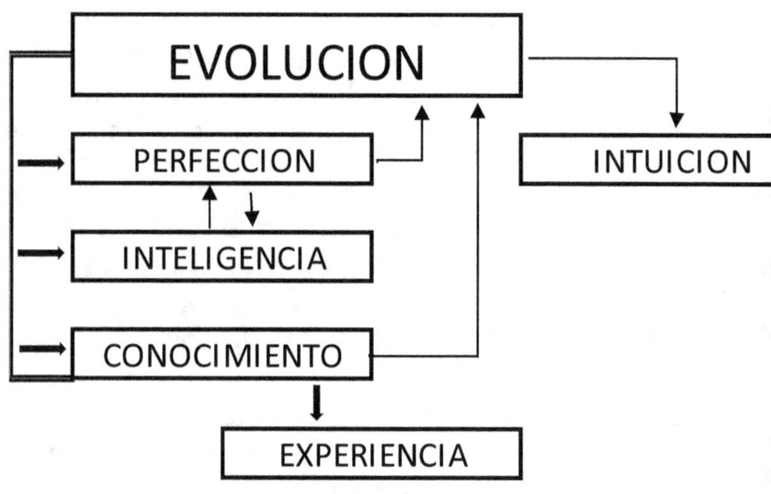

LAS ENSEÑANZAS DE HERMES.

"La Sabiduría es una espada de doble filo"

Rey Salomón.

los siete principios. Extractos del Kibalion.

Todo estudiante de las artes mágicas deberá conocer los siete principios herméticos, aquí solo explicare una pequeña reseña de estos principios místicos. La filosofía y enseñanzas del hermetismo nos ayudaran a comprender el universo, el infinito lleno de misterio.

➢ El principio de mentalidad: todo es mente el universo es mental, la realidad sustancial que está detrás de todas las manifestaciones y apariencias del universo.

➢ El principio de reciprocidad: como es arriba es abajo, como es abajo es arriba, siempre hay reciprocidad entre las leyes y los fenómenos de los diferentes estados del ser y de la vida.

➢ El principio de vibración: nada esta inmóvil; todo está en movimiento; todo vibra, no solo lo físico vibra también lo espiritual, los pensamientos.

➢ El principio de polaridad: todo es dual; todo tiene dos polos; todo su par de opuestos, la dualidad en todo.

➢ El principio de ritmo: todo fluye y refluye; todo tiene periodos de avance y retroceso; todo asciende y desciende; todo se mueve como si fuera un péndulo.

➢ El principio de causa y efecto: toda causa tiene su efecto, todo efecto tiene su causa, nada ocurre casualmente todo sucede conforme a la ley.

➢ El principio de género: todo tiene su principio masculino y femenino, y estos principios están presente en todos los fenómenos y en cada uno de los planos de la vida.

La mente humana tiene que estar sujeta a los principios herméticos, para no tener miedo hay que cambiar ese polo con el valor, no te fatigues echando la oscuridad de una habitación hacia afuera mejor es abrir las ventanas para que la luz clara y brillante penetre e ilumine la habitación. Para avanzar en los estudios hay que detener el ritmo cuando la fatiga mental cansa y perturba los sentidos ya que el estudiante a ver los obstáculos se deprime y abandona los estudios, hay que tener cierta correspondencia en saber y conocer, los pensamientos vibran según la fuerza mental que tiene cada persona.

EL VIEN Y EL MAL.

"aprende a separar el humo de las llamas, en todo lo bueno hay algo de malo, en todo lo malo hay algo de bueno, ahora has pasado más allá del bien y del mal, ahora conoces lo bueno de lo malo y lo malo de lo bueno"

Aun Weor.

El yin yang representa bien esta afirmación, donde un circulo dividido en dos, de dos colores blanco y negro y en cada parte un punto del color opuesto, el blanco es el bien, el negro es el mal, pero en el bien existe una pequeña milésima de mal, y en la maldad una milésima del bien.

LIBROS.

"El conocimiento es poder"

Filosofía.

Mi primer libro que escribí es MENTALISMO CONTROL Y DOMINO DE LA MENTE, en el describo los secretos de la mentalidad y sus profundos misterios que se han envuelto a lo largo de la vida, con teorías y prácticas.

Temas como el desarrollo de la voluntad, la influencia del pensamiento, sugestión, magnetismo, hipnotismo, fascinación, experimentos para el amor, experimentos de fuerzas volicas, hipnotismo a distancia, curaciones magnéticas, etc.

A continuación, expresare extractos del cuaderno antes de escribirlo en digital:

➢ La voluntad: es el deseo de hacer una cosa, voy a tener éxito, no tengo ningún miedo.

➢ El pensamiento: las ondas del pensamiento que ejercer sobre el alma, en formas de atracción.

➤ Fuerza volica (volacion): es el esfuerzo serio de la voluntad.

➤ Concentración: tener la atención fija en un asunto, la mente sin distracción, la mente sostenida.

➤ Meditación: es la actitud sostenida de la mente sobre un asunto.

➤ Sugestión: es sugerir en otro una idea sea del orden que sea y que la tome como tal.

➤ Fascinación (el poder de la mirada): es atraer la atención de los demás.

➤ Magnetismo: la atracción entre dos cuerpos.

➤ Hipnotismo: el dominio de la conciencia del individuo que está sujeta a la voluntad del operador, y en algunos casos tiene los grados del magnetismo.

➤ Sonambulismo: es el resultado del hipnotismo.

➤ Telepatía: es la transmisión del pensamiento.

➤ La memoria: facultad de recordar el pasado, o lo que se ha aprendido.

Creando de tales conceptos un esquema donde la mente se sostiene.

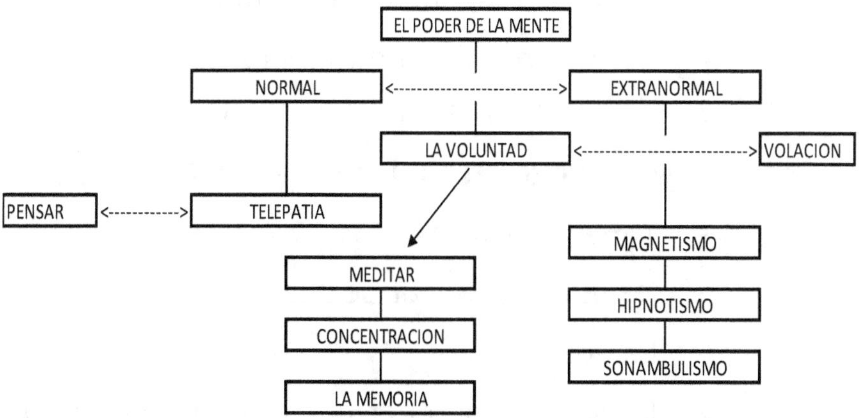

Es el principio de una obra maestra, pero no los dejare con las dudas hay más:

CUALIDADES DEL MENTALISTA.

➢ Hay que ser honorable y bien educada.

➢ Tener una salud excelente.

➢ Tener un carácter firme y una gran serenidad.

➢ Tener una voluntad férrea.

➢ Una absoluta confianza de sí mismo.

➢ Una fe inquebrantable en su arte.

➢ Tener calma y paciencia.

➢ Ser perseverante.

➢ Saber dominarse.

➢ Ser serio.

➢ Tener valor.

➢ Ser positivo.

- Tener el respeto de sí mismo.

- Ser alegre, pero no juguetón.

- Tener el dominio de sí mismo.

PARA EJERCER EL PENSAMIENTO.

- Tener el deseo serio.

- La mirada concentrada.

- La voluntad.

- La idea de obtener el éxito en todo lo que emprendamos.

EL PENSAMINETO.

- Pesad: no tengo ningún miedo, quiero, puedo, soy.

- Es necesario poder pensar antes de poder trasferir el pensamiento.

- Hay que poseer el poder de pensar con fijeza.

- Una forma de pensamiento tiene que ser claramente modelada y bien vitalizada para poderse enviar en cualquier dirección.

- Hay que pensar intensamente en una sola idea, con concentración y atención sostenida.

SUGESTIÓN.

- Para sugestionar hay que utilizar el lenguaje oral.

➤ Las sugestiones son fuertes cuando son repetidas.

FASCINACIÓN.

➤ Para fascinar es necesario impresionar la mirada de una manera brusca, entrante, fugaz y sostenida, según los casos.

PARA INFLUENCIAR.

➤ Ley del imperio mental: el éxito depende en buena parte de nuestra habilidad en inspirar interés a los demás hombres, en atraerlos y en ejercer influencia sobre ellos.

MANERA DE INFLUENCIAR.

➤ Por medio de la voz, por la postura y por la mirada.

➤ Por medio de la fuerza positiva, por la ley de sugestión directa.

➤ Siempre se tiene que mirar directamente en los ojos de la persona que se desea influenciar.

CUALIDADES PARA DOMINAR Y EJERCER UNA INFLUENCIA.

➤ Saber lo que le interesa a la persona que se desea influenciar.

➤ No hablar demasiado, cuando el habla déjalo hablar.

➤ Tener el arte de escuchar y con atención, pero no te dejes dominar por su influencia, aprender a escuchar con inteligencia.

➢ Cultivad la voz de manera que tenga un tono agradable.

➢ Evitar la voz áspera y regañona, siempre debe de ser un tono regular y sin ofender.

➢ La voz debe de expresar los sentimientos que se quieran comunicar.

➢ Conservar toda la calma, cuidando que la voz quede firme y sometida a tu voluntad.

➢ Una voz con frases muy moduladas.

➢ Hablar con seriedad.

➢ Es de mayor importancia comenzar toda conversación mirando a vuestro interlocutor bien de frente con una mirada magnética y persistente.

➢ Esta mirada debe de ser fija, constante y firme.

➢ Hay que tener una fuerza de voluntad y de concentración.

➢ Una actitud de seriedad y resuelto haciendo creer que te interesa lo que te dicen.

➢ Si se tiene que pedir algo, pídelo con claridad y dignidad, con la mirada en su mirada y queriendo interiormente que conceda lo que pedís.

➢ No permitas que enlace su mirada todo el tiempo de la conversación.

➢ No respondas nada, antes de haber liberado tus ojos de aquella mirada.

➢ Desconfiar de las sugestiones incididas.

➢ Las sugestiones deben de ser de modo serio, firme y positivo.

➢ Es preciso tener en vos mismo la absoluta seguridad de que será concedido a aquello que pedís.

➢ El secreto de la fuerza está en una actitud quieta y libre de toda turbación.

➢ Toda petición debe de ser seria y tranquila y acompañado de la firme convicción de obtener un resultado favorable.

Estas y muchos más escritos ayudaron a la elaboración del manual de mentalismo, está a su disposición leerlo y zacear su curiosidad y sed de aprendizaje, MENTALISMO EL CONTROL Y DOMINIO DE LA MENTE (SAMAEL VASHER)

Mi segundo libro:

SABIDURÍA FILOSOFICA DEL OCULTIMO.

"Sabiduría viene de la unión de dos palabras: Saber y perdurar, el conocimiento nunca se olvidará poniéndola en práctica en la vida"

Herrera.

En este tratado como su nombre lo expresa esta la filosofía de la magia y su sabiduría para que el sendero del mago no se desvié de la verdadera esencia, más una serie de enseñanzas ocultas.

Extractos del libro SABIDURIA FILOSOFICA DEL OCULTISMO.

En el libro encontrara UD querido lector: ¿ciencias ocultas que es? La forma de ejercer la voluntad de un ocultista, consejos y mensajes a los ocultistas, cualidades para ejercer las artes mágicas, la forma de pensar de un ocultista, la historia de San Cipriano y su enseñanza mágica, astrología y magia, secretos he influencia lunar, recopilación de secretos mágicos, recopilación de oraciones mágicas y grandes secretos del ocultismo.

CIENCIAS OCULTAS.

➤ Las ciencias ocultas, son todas a aquellas que tienen que ver con el misterio que rodea la vida.

➤ El mundo de la magia está basado para orientarnos en nuestros propósitos.

VOLUNTAD DE UN OCULTISTA.

➤ Hay en el hombre una facultad que por sí sola realiza grandes proezas.

➤ La voluntad no está sometida a ninguna de las leyes que rigen: lugar, tiempo y espacio.

MENSAJE: la naturaleza está llena de misterios.

CONSEJO: nuestro destino depende de nosotros mismo.

¿Qué es ciencia? ¿Qué es sabiduría? ¡conocimiento! ¿Por qué buscamos lo oculto? Meditad sobre estas preguntas.

CUALIDADES PARA EJERCER LAS ARTES MAGICAS.

- Ser positivo.
- Ser paciente.
- Ser perseverante.
- Tener fe.
- Tener la confianza en uno mismo.
- Tener el dominio de uno mismo.
- Guardar bien nuestros secretos.
- Dar a cada cual lo que se merece.
- No tener miedo.
- Ser estudioso y discreto.
- Hacer las cosas bien.

NO OLVIDES ESTO NUNCA:

- La duda es el mayor enemigo de toda operación mágica.

- El pensamiento de un ocultista es lograr tener éxito en todo lo que emprenda.

ASTROLOGIA Y MAGIA.

- Influencias particulares de los planetas.

➤ Las horas de los planetas bien explicado.

➤ Tabla de los días felices y desgraciados para una operación mágica.

➤ Influencia lunar en el ocultismo.

➤ Influencia lunar en la salud.

➤ Para el uso de las mujeres.

➤ Influencia lunar en los sueños.

➤ Influencia lunar en el nacimiento.

Contiene una serie de secretos para el amor, éxito y dinero.

EL ARTE DE LA BRUJERIA.

"en todo lo oculto, lo reservado, lo esotérico en fin en toda ciencia mágica cuya explicación lógica es siempre lo sobrenatural"

Samael Vasher.

Hechizos, virtudes, secretos, encantamientos, magia negra en potencia.

El tercer libro que escribí es más extenso en magia y práctica, este manual contiene secretos para todo tipo de magia.

Extractos del libro EL ARTE DE LA BRUJERIA:

➤ El pensamiento antiguo era simple, aprender y callar.

➤ Hay bien y hay mal, la magia oscila para ambos lados.

La virtud mágica en los animales es inmensa, aprenderás a trabajar con sapos, murciélagos, gatos, culebras, etc., trabajos para el amor, vencer enemigos, hacer casamientos, vengarse enemigos, secreto de la invisibilidad, para dominar a las personas, para hacerse desear por las mujeres.

Secretos de amor para el uso de las mujeres, secretos de amor para el uso de los hombres, secretos de amor para ambos.

La nigromancia, apariciones fantasmales, los responsos al revés para contrarrestar una brujería y para hacer devolver una cosa robada, poderosa oración de San Cipriano, magia con muñecos.

Mentalidad y magia, virtudes y magia, el arte de la adivinación, los exorcismos, y mucho más.

Con esto querido lector sabrá el potencial del libro EL ARTE DE LA BRUJERIA.

LAS   ENSEÑANZAS ESOTERICAS.

"Esotérico es la esencia de la magia"

Elena Blavatsky.

Este libro lo escribí con la idea de que muchas personas aprendieran el esoterismo de una forma práctica y fácil de aprender, en el contiene el arte de echar las cartas, el secreto del puro y su interpretación, y una forma de magia en particular asociado a la nueva era.

➢ Esoterismo se trata de las cualidades, poderes y dones.

➢ Vivimos en un mundo mágico.

➢ El esoterismo es más que magia.

➢ Para que se realice adecuadamente un acto mágico es esencial la existencia de un sentimiento profundo y autentico.

LA CARTOMANCIA: es la adivinación por medio de las cartas de la baraja española, aprenderás todos los significados y forma de operar, estudiad con afán y aplicaos en esta nueva lectura.

Lectura del "A" a la "Z" en un modus operandi de: oros, copas espadas y bastos, significados individuales y significados de combinación.

Con varios augurios al tirar las cartas, días favorables para tirar las cartas, advertencias indispensables, distintos modos de tirar las cartas, y la manera de contestar una pregunta en particular.

MAGIA DEL TABACO.

Para el dominio, atraer el ser querido, para atraer clientela a sus negocios, para atraer la persona amada, oraciones diversas del tabaco, conjuro del tabaco para la suerte, protección, y la forma de operar.

La interpretación del puro, aprendiendo a leer el cigarro.

MAGIA DEL HUEVO: limpias con huevos y su respectiva interpretación.

MAGIA DE LAS VELAS: colores y significados, significados de las llamas y forma.

El uso de los colores en la magia, incienso y sus significados, aceites y esencias, hiervas, raíces, semillas y especias, los trabajos y los días.

Y una colección de oraciones mágicas para todo tipo de usos.

Una guía de interpretación de los sueños.

Y así sucesivamente seguiré escribiendo libros, cumpliré con mi deber en este mundo develando los grandes misterios de la magia.

LA SAVIDURIA DEL SER.

"no temas, no dudes y confía en tu ser mágico lleno de esencia del misterio"

SAMAEL VASHER.

1. No te arrastres de barriga como un vil gusano, no te humilles postrándote en polvo y tomando al cielo por testigo que eres una criatura despreciable.
2. No te llames a vos mismo miserable pecador que solo se merece la condenación eterna ¡no mil veces no!

3. Levanta tu cabeza y mira al cielo enganchando tu pecho y llenando los pulmones con el ozono de la naturaleza.

4. Entonces as la declaración para ti: yo formo parte del principio eterno de la vida, yo soy creado a la imagen de dios yo estoy lleno del divino soplo de vida, nada me puede perjudicar porque formo parte de la eternidad.

5. Seguí a delante amigo mío, fuerte en tus nuevos propósitos.

6. Cumple con tu deber, primero hacia a ti mismo, y después hacia los demás hombres, nuestros hermanos.

7. Reconoce la hermandad de la humanidad, reconoce que todos los hombres son nuestros hermanos.

8. No engañes a nuestros semejantes, pero tampoco te dejes engañar por ellos.

9. Si accedes a sus deseos contra el agrado de nuestro juicio y de nuestra conciencia, no solo te dañaras a ti, sino también a ellos.

10. No empieces peleas, pero tampoco permite que te golpeen impudentemente.

11. Si alguno e pega en una mejía no le ofrezca la otra, exige una disculpa y si no la obtuvieras, golpea, pero más fuerte a nuestro agresor.

12. Pero no golpees con el corazón lleno de odio, y si pide perdón, perdónalo.

13. Si permites a alguno que te engañe, obras mal hacia él, tu deber es darle conocer la verdad.

14. Pero nunca permitas que el odio penetre en tu corazón.

15. Camina por estos mundos con la gracia de Dios en el corazón y buen garrote en la mano.

16. No uses nunca el garrote como arma ofensiva, jamás lo hagas.

17. Pero consérvalo en la mano para cuando lo necesites revestido de la armadura del justo.

18. El hombre sabio no dice lo que sabe, lo demuestra, el hombre necio no sabe lo que dice, lo demuestra.

19. Porque el poder se encuentra en saber y actuar, no en comprender y memorizar.

20. Un consejo les doy sea lo que sea que hagas aselo bien, porque nada perjudica tanto como un fracaso.

21. Tienes que saber querido hermano que el desespero perjudica el organismo y solo el entendido sabrá esperar todo llega a su tiempo.

22. El peor enemigo es la ignorancia y el mejor amigo es la sabiduría.

23. El sabio de lejos ve el mal y se aparta el ignorante ve la muerte y la enfrenta.

24. La diferencia de estos dos es el entendimiento, esta es la actitud y forma de pensar de cada individuo.

25. Los sentimientos emanan directamente del alma y el amor se llega a conocer mediante el surgir de tal sentimiento.

26. He aquí la explicación de la depresión, ya que es una enfermedad producida de un sentimiento del alma.

27. Tienen que saber queridos hermanos que la vida en si depende en buena parte del uso que sede.

28. Si andas con malas amistades, puedes que fracases a temprana edad.

29. Has escuchado la expresión: dime con quién andas y te diré quién eres, el que escucha consejos llega a viejo, estas dos expresiones bastan para dar a entender la idea del uso de la vida.

30. La vida desordenada y los malos hábitos cortan la vida, manifestando la ley de causa y efecto.

CONCLUSIÓN.

El ser humano es bien raro, decía el poeta Clause que se preocupa por el futuro, se entristece por el pasado y se olvida de vivir en el presente, el aquí y ahora en busca de la felicidad, todos absolutamente todos tenemos una historia que contar, experiencia vivida, amor, éxito, tristeza, alegría, pasión, en fin, un recuerdo que siempre perturbara la mente y la excitara llenándola de momentos que no volverán a nuestras vidas.

Mi vida parecerá extraña y falsa para los escépticos y no creyentes, maldecida por la religión y enaltecida por personas que tiene experiencias iguales a las que he vivido, no me arrepiento más doy gracias al Creador por haberme permitido tener una familia hermosa, madre y padre mis hermanos y hermanas juntos en el mar de sacrificios que trae el mundo.

Sé muy bien el porqué de mi propósito de vida, es enseñar que la magia no debe de ser temida ni mucho menos profanada sino al contrario enseñada y practicada para el bien de la humanidad, cuando era joven me perdí, y busqué el camino del mal con enseñanzas macabras y guiado por el espíritu del egoísmo y la ignorancia, no consiguiendo nada en bien solo tristeza y desilusión, mas seguí adelante en busca de las verdaderas enseñanzas místicas.

Solo mediante el autoconocimiento de uno mismo se podrá recordar vidas pasadas y obtener experiencias astrales cuyo fin será la evolución del ser, dejando de un lado los yoes y los egos que solo nos conducen a un declive y colapso espiritual no logrando la razón del porque hemos sido objetos de la creación, cree en ti, no dudes de ti, he invierte tiempo en ti, la trinidad del éxito está al alcance de tus manos no lo dejes ir.

Tengo un compromiso grande con ustedes, el de tener vida para escribir libros y más libros de enseñanzas místicas, y sé que al morir todos mis escritos perduran por los siglos hasta el fin de los tiempos.

Soy feliz por lo que se y por lo que soy mas no puedo pedir de la vida, una taza de café, un cigarro, un buen libro para leer y ver caer el atardecer en el patio de mi casa.

"Paz suprema para cada uno de ustedes, salud y prosperidad para todos"

Samael Vasher. Maestro Ocultista y escritor.